ANGELA SCHMITZ

LATEINAMERIKA IM VISIER
TEIL 2 – ZENTRALAMERIKA

W0055223

nzvp
BOOKS

ANGELA SCHMITZ

LATEINAMERIKA IM VISIER

TEIL 2 – ZENTRALAMERIKA

nzvp
BOOKS

ICH GLAUBTE, ES WÄRE EIN ABENTEUER, ABER
IN WIRKLICHKEIT WAR ES DAS LEBEN.

JOSEPH CONRAD (1857 BIS 1924)

DIE AUTORIN

ANGELA SCHMITZ

Die 1966 in Duisburg geborene Wirt-schaftswissenschaftlerin war Mitte der 1990er Jahre im Rahmen ihrer entwicklungspolitischen Arbeit mehrere Male in Chile. Seit 2003 touren sie und ihr Mann Axel Heß auf ihren Motorrä-dern mit Leidenschaft durch Lateinamerika. Das Unbekannte und Unvorhersehbare machen den besonderen Reiz dieser Art des Reisens aus. Außergewöhnliche Motive, Farben und Formen der Natur inspirieren die Autorin in der Malerei und Fotografie. Durch Reisen weitet sich der Blick für Land und Leute, für eine andere Sicht der Dinge.

Im Buch „Lateinamerika im Visier – Zen-tralamerika", dem zweiten Teil eines zweiteiligen Werkes, nimmt Sie Angela Schmitz mit nach Zen-tralamerika. Im ersten Teil „Lateinamerika im Visier – Südamerika" erzählt sie von ihrer Reise, die sie von Chile über Brasilien bis nach Ecuador führt.

VORBEREITUNG

Seite 10: Unterschiedliche Währungen in Lateinamerika

Unten: Das Gepäck ist aufgeschnallt

Mit dem Motorrad unterwegs zu sein erfordert eine gute Vorbereitung. Dies betrifft nicht nur das sorgfältig ausgewählte Gepäck für einen selbst, sondern auch den Umbau der Motorräder, die für alle möglichen Fälle gewappnet sein wollen. Wenige, aber sinnvolle Veränderungen haben die 1996er Honda Transalp und die Honda Africa Twin von 2003 zu fernreisetauglichen und zuverlässigen Gefährten gemacht. Griffschalen für die Kupplungs- und Bremshebel sind angebaut sowie stabile Kofferträger und Sturzbügel montiert. Gegen Steinschlag schützen ein Aluminiummotorschutz und ein Scheinwerferschutz die entsprechenden Teile. Mit einer Starter- und Ladesteckdose können die Batterien der Motorräder unterwegs einfach überbrückt werden. Außerdem kann man Akkus über ein Ladegerät aufladen oder die Steckdose für eine Lichtquelle beim Zelten nutzen. Werkzeug wird in einer stabilen Aluminiumwerkzeugbox untergebracht, die am

Motorschutz angeschraubt ist. Die Transalp ist über die Umlenkung tiefer gelegt. Um auf längere Durststrecken ohne Tankstelle vorbereitet zu sein, ist die Africa Twin mit einem 43-Liter-Tank aus Polyamid ausgerüstet; über Schnellverschlüsse kann Benzin leicht abgezapft werden. Die Fußrastengummis sind demontiert. Dadurch werden die gezackten Fußrasten freigelegt, die im Gelände einen sichereren Halt bieten.

Ins Gepäck wandern Ersatzteile, Campingausrüstung, Kochutensilien sowie wenige Kleidungsstücke, die für die verschiedensten Klimazonen und Wetterverhältnisse geeignet sind. Medikamente, Erste-Hilfe-Tasche, Dokumente sowie Bank-, Kreditkarten und Geld gehören ebenfalls ins Gepäck. Zum Schluss darf das Wichtigste nicht vergessen werden: Fotoausrüstung, Kartenmaterial, Kompass und GPS. Das alles wird in je 2 Alukoffern, einer Reisetasche und einem Tankrucksack mit Seitentaschen auf beiden Motorrädern untergebracht.

DIE REISEROUTE

YUCATAN

BELIZE

HONDURAS

GUATEMALA

EL SALVADOR

NICARAGUA

COSTA
RICA

PANAMA

ZENTRALAMERIKA

Als sich der Riesenkontinent Pangäa vor rund 65 Millionen Jahren spaltete, drang der Ozean darin ein und trennte Europa von Afrika, floss weiter nach Westen und wurde zum Tethysmeer. Das Meer spaltete Zentralamerika mit Nordamerika von seinem südlichen Teilkontinent ab. Vor etwa 3 Millionen Jahren, vor Beginn der Eiszeit und der Vereisung des Nordpols, bildete sich durch die sich bewegenden Kontinentalplatten die Landenge von Panama, verband Nord- mit Südamerika und unterbrach die Meeresströmungen zwischen Atlantik und Pazifik. Das Klima, die Tier- und Pflanzenwelt veränderten sich. Weiter entwickelte Säugetiere aus dem Norden wanderten gen Süden und breiteten sich über Südamerika aus.

Alle Länder Mittelamerikas beheimaten eine große Vielfalt an Tieren und Pflanzen, deren Lebensraum sich manchmal nur auf ein kleines Gebiet beschränkt. Jedoch sind viele Arten vom Aussterben bedroht, weil ihnen durch Eingriffe in die Natur die Existenzgrundlage entzogen wird. Die Zerstörung des Waldes und deren negative ökologische Folgen wie Bodenerosion, Austrocknung oder Verwüstung und Verlust der Artenvielfalt sind durch Kahlschlag, Brandrodung, schlechte oder übermäßige Kultivierung, Viehweiden, Plantagenbewirtschaftung oder Bebauung verursacht. Nicht nachhaltiger Handel

mit eingeschlagenem Holz oder illegaler Handel mit von Aussterben bedrohten Tieren reduziert die Artenvielfalt von Flora und Fauna. Viele Großstädte haben mit Luft- und Trinkwasserverschmutzung zu kämpfen, mit wilden Müllkippen und Abwasserproblemen. Böden, Flüsse und Seen sind vielerorts durch Düngemittel und Pestizide kontaminiert. Nicht nur die ökologischen Schäden sind enorm, auch die Menschen müssen mit den gesundheitlichen Folgen leben.

Mexiko beheimatet etwa 12 % der weltweit existierenden Artenvielfalt. Belize verfügt über großen Artenreichtum, über 4.000 Blütenpflanzen und 750 Baumarten, Reptilien, Säugetiere und Vogelarten sind hier beheimatet. In Guatemala bedecken noch rund 36 % der Landesfläche Regen-, Nebel- und Mangrovenwälder. Auch in Honduras und Nicaragua existieren noch viele verschiedene Tier- und Pflanzenarten. In Costa Rica befinden sich rund 4 % der weltweit vorkommenden Pflanzen- und Tierarten. Seit Mitte der 1980er Jahre steht über ein Viertel der Landesfläche unter Naturschutz. Panama verfügt ebenfalls über eine große Biodiversität, mehr als 220 Säugetierarten, 200 Fischarten, über 1.000 Vogelarten und Tausende von Insektenarten leben vor allem in den Naturschutzgebieten und den Flusslandschaften.

Von Panama aus reist die Autorin rund 10.000 Kilometer durch Costa Rica, Nicaragua,

Honduras, Guatemala und Belize bis nach Yucatán, die Halbinsel im Osten Mexikos. Der alles beherrschende Kanal und die Kaffeeanbaugebiete in Panama bieten interessante Einblicke in technische und handwerkliche Arbeitsprozesse, in Costa Rica erlebt die Autorin die vielfältige Flora und Fauna ebenso wie aktive und erloschene Vulkane mit unterschiedlichsten Erscheinungsformen, die sich auch in Nicaragua und Guatemala finden. Die Kultur der Maya, die sich in alten Ruinenanlagen von Honduras, Guatemala und Mexiko widerspiegelt, aber auch heute noch lebendig ist, fasziniert sie auf ihrer Reise durch Zentralamerika. Die Offenherzigkeit der Menschen zeugt von ihrem Lebensmut, den sie trotz widriger Lebensumstände besitzen. Dazu zählen nicht nur Umweltkatastrophen wie Hurrikane, Erdbeben und Vulkanausbrüche, sondern auch langfristige Folgen von politischen Gewaltregimen, von wirtschaftlichen, sozialen und ökologischen (Fehl-) Entwicklungen.

Die Länder, durch die Angela Schmitz reist, sind nicht einfach nur schöne Kulisse für eine Motorradreise, sondern der Rahmen, um andere Lebenswelten kennen und verstehen zu lernen. So wird auch der zweite Teil ihrer Motorradreise durch Lateinamerika zu einem Erlebnis der besonderen Art.

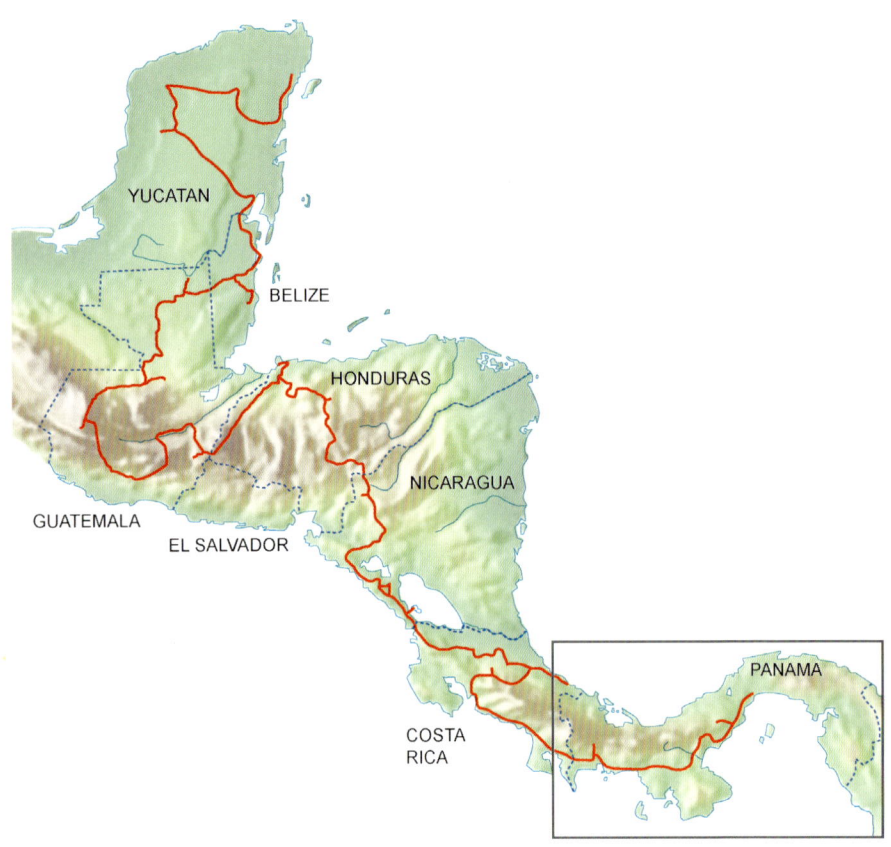

In Panama-Stadt beginnt die Reise durch Zentralamerika und führt in die Berge nach El Valle. Auf der Interamericana geht es weiter Richtung Westen über Aguadulce, Santiago und David in das Kaffeeanbaugebiet nach Boquete. Von diesem Abstecher in die Berge führt die Strecke zur Grenze am Paso Canoa nach Costa Rica.

Seite 15: Skyline von Panama-Stadt

14

PANAMA
BRÜCKE ZWISCHEN DEN KONTINENTEN

WEITE WEGE

Schon der kleine Bär schwärmt dem Tiger in der Geschichte des weltweit bekannten Jugendbuchautors Janosch vor: „In Panama ist alles viel schöner, weißt Du. Denn Panama riecht von oben bis unten nach Bananen. Panama ist das Land unserer Träume, Tiger. Wir müssen sofort morgen nach Panama …"

Am Abend sitzen wir in einem kleinen Hotelzimmer in Panama-Stadt auf dem Bett, die Klimaanlage surrt vor sich hin, um uns herum liegen verstreut Taschen, Anziehsachen, Werkzeug, Kameraausrüstung, Campingutensilien, Stiefel und Helme. Erstaunlich, wie viele Dinge wir seit Monaten auf unserer Reise durch Südamerika mitgeschleppt haben. Manchmal ist mir unerklärlich, wie all diese Sachen auf den beiden Motorrädern Platz finden. Für den Flug von Ecuador nach Panama haben wir einiges umpacken

müssen. Überhaupt ist dieser Transport eine Geschichte für sich:

Obwohl man nach so langer Zeit unterwegs organisatorisch viel dazu lernen konnte, hat die Beförderung von Motorrädern ihre eigenen Tücken. Valentinstag steht bevor, und bei den Cargogesellschaften in Ecuador herrscht Hochbetrieb. Rosen werden von hier aus in die ganze Welt transportiert, ein dorniges Geschäft. Für unser Anliegen bedeutet das steigende Transportpreise, fast jede Frachtmaschine ist ausgebucht. Mit Geduld und der Hilfe unseres Freundes Ricardo in Quito klappt vor Ort alles

in letzter Minute, wir können die Motorräder am Nachmittag vor unserem eigenen Flug bei der Spedition unterstellen. Die Zollformalitäten wird ein Agent am nächsten Tag übernehmen, weil wir selbst dann schon im Flugzeug sitzen. Die Motorräder sollen mit einer Zwischenlandung in Bogotá kurze Zeit später an unserem Ziel ankommen.

Unerwartet legt unser Flugzeug unterwegs noch einen Stopp in Guayaquíl im Süden Ecuadors ein. Das behagt Axel mit seiner Flugangst gar nicht, doch wir kommen wohlbehalten in Panama-Stadt an. Lange Schlangen Einreisen-

der warten vor dem Immigrationsschalter. Über eine Stunde dauert es, bis wir endlich unseren Einreisestempel erhalten, unser Gepäck steht schon längst neben dem Transportband, als wir in der Halle eintreffen. Während die Alukisten an den Motorrädern mit schweren und sperrigen Dinge wie Stiefeln, Zelt und Werkzeug bepackt sind, haben wir die restlichen Sachen in vier große Reisetaschen gestopft. Den voll beladenen Gepäckwagen schieben wir zum Kontrollpunkt, wo jedes Stück durchleuchtet wird. Der Wagen muss im Gebäude bleiben, also schultern wir die Taschen, Helme, Motorradjacken und Tagesrucksäcke und wanken voll beladen dem Ausgang zu, als ein Zollbeamter hinter uns herläuft. Sein Alarmgerät habe angeschlagen, er suche ein Gepäckstück mit Batterien. Vielleicht vermutet er, dass wir in Ecuador preiswert Elektrogeräte gekauft haben, um sie in Panama auf dem Schwarzmarkt zu verkaufen. Bevor er auf die Idee kommt, unser ganzes Gepäck zu kontrollieren und Einfuhrzoll auf unsere technische Ausrüstung zu erheben, zeige ich ihm ein altes Radio – es sei das einzige mit Batterie betriebene Gerät, das wir hätten. Damit gibt er sich zufrieden und wir laden erneut unsere Sachen auf die Schultern. Als die Schiebetür sich nach draußen öffnet, empfängt uns ein tropisch feuchtes Klima, automatisch wanken wir zwei Schritte zurück in die klimaanlagengekühlte Wartehalle des Flughafens.

Mit anderen Passagieren zusammen vertrauen wir uns dem Fahrer eines Sammeltaxis an, der uns in die Innenstadt in ein reserviertes Hotel bringt. Das Hotel verfügt nicht über eine sichere Unterstellmöglichkeit für die Motorräder, so suchen wir uns am nächsten Morgen wenige Querstraßen weiter eine geeignetere Unterkunft. Mit einem Taxi bringen wir das Gepäck dorthin, und ich vergesse etwas Wichtiges: Den Preis für eine Fahrt sollte man immer vorher vereinbaren,

sei sie auch noch so kurz, ansonsten haben die Taxifahrer wie in diesem Fall gut Lachen.

Telefonisch regele ich mit der Spedition die Formalitäten zur Abfertigung der Motorräder. Die Maschinen seien sicher angekommen und stünden bereit. Am Samstagmorgen machen wir uns früh mit dem Taxi auf den Weg zum Cargoflughafen. Der Fahrer nennt einen fairen Preis und bringt uns sogar über das halbe Flughafengelände bis zur Spedition. Frohen Mutes betreten wir das Gebäude und sprechen mit der Sekretärin am Empfang. Weder stehen unsere Namen auf einer Liste, noch weiß sie etwas über die Motorräder. Achselzuckend wendet sie sich anderen Aufgaben zu, für sie ist der Fall erledigt. Wie geht man am besten damit um? Freundlich lächelnd überzeuge ich sie davon, dass ihr eine ganz wichtige Rolle dabei zukommen könne, uns aus einer schwierigen Situation herauszuhelfen. Der Appell hilft, sie telefoniert für uns herum und findet nach kurzer Zeit heraus, dass zwei Motorräder in der Lagerhalle der Fluggesellschaft untergebracht sind, mit denen man dort nichts anfangen könne. Voller Hoffnung stiefeln wir mit unseren schweren Motorradsachen am Leib und dem Helm unterm Arm zu einem anderen Terminal. Dort erwartet man uns schon in einem Büro und tatsächlich stehen die Kennzeichen unserer Reisegefährten auf der Liste! Wir entrichten eine Bearbeitungsgebühr und erhalten dafür die Frachtpapiere. Diese Dokumente müssen im Zollbüro abgestempelt werden, bevor wir die Motorräder zu Gesicht bekommen.

Der Zoll befindet sich an der Einfahrt zum Flughafen, es ist ein weiter Weg bis dorthin. Wir reden uns ein, dass es nichts Schöneres gibt, als an einem sonnigen Vormittag und bei tropischer Hitze ein Flughafengelände zu Fuß zu erkunden, und stiefeln los. Nach kaum hundert Metern können wir einen LKW-Fahrer anhalten, der uns mitnimmt. In der Amtsstube läuft im

Fernsehen eine Telenovela. Die Zöllner freuen sich über Abwechslung und fragen, wie sie helfen können. Schon in Quito haben wir trotz der Zuversicht des Spediteurs befürchtet, dass der Zoll samstags die Motorräder nicht abfertigen wird, und vor genau diesem Problem stehen wir nun. Nur verderbliche Güter verlassen am Wochenende das Zollgelände, dazu gehören unsere Motorräder wahrlich nicht. Man könne uns zwar die Frachtpapiere abstempeln, aber die Formulare zur temporären Einfuhr müsse ein Kollege am Montag ausfüllen. Guter Rat ist teuer. Wir wären bereit zu zahlen, damit wir die Motorräder heute mitnehmen können, und mein aufrichtig verzweifelter Gesichtsausdruck trifft auf ein weiches Herz. Einer der Zöllner ruft seinen Kollegen zu Hause an, fährt mit dem Auto los und besorgt das richtige Einreiseformular aus einem anderen Büro. Er muss noch ein zweites Mal los, weil er nicht glauben konnte, dass ich ein eigenes Motorrad fahre und wir zwei Formulare benötigen. Nach einer Stunde mit nettem Plausch und Warten können wir mit den gestempelten Papieren zur Lagerhalle zurücklaufen. Nun bleibt eine knappe Stunde Zeit, um den Zöllnern die Motorräder vorzuführen, bevor sie Feierabend machen. Die Maschinen werden auf einer Palette aus der Lagerhalle gefahren und abgeladen. Das Zusammenbauen braucht seine Zeit, die Scheiben und Spiegel müssen montiert, die Batterie angeklemmt und den Reifen mittels Kompressor Luft eingehaucht werden, bis dieser heiß läuft. Wir schaffen es gerade noch rechtzeitig zum Zollgebäude zurück. Der nette Kollege wirft einen kurzen Blick auf die Mopeds, und wir entrichten gerne eine geringe Extragebühr für die Umstände.

Nun sind wir also im Hotel damit beschäftigt, unsere Siebensachen neu zu sortieren und ausgewogen auf die Kisten und Taschen zu verteilen. Die Motorräder sind für das Abenteuer Zentralamerika gewappnet.

DER PANAMAKANAL

In der Hauptstadt macht es mehr Spaß, sich mit den Linienbussen fortzubewegen, daher bleiben die Motorräder in der Garage des Hotels stehen. Die ausrangierten Schulbusse aus den USA sind von ihren Betreibern fantasievoll bemalt und werden abends von allen Seiten illuminiert. Wichtiger als der Fahrscheinverkauf ist dem Fahrer gute Musik. An den Haltestellen werden die CDs gewechselt, Karibik-Rhythmen erklingen aus den Lautsprechern und sorgen für entspannte Stimmung, auch wenn der Bus völlig überfüllt ist. Die Fahrgäste singen mit und bewahren auch im stressigen Berufsverkehr eine lockere Haltung. Die gute Laune steckt an, bei diesen Temperaturen kann man einfach nur alles gelassen sehen.

Von der Haltestelle an der Plaza Santa Ana aus erkunden wir den historischen Stadtkern Casco Viejo. Er liegt auf einer Halbinsel und wurde 1673 besiedelt. Viele Kolonialbauten prägen das Gesicht des Viertels, zum Teil sind die verzierten Häuser wunderschön renoviert und beherbergen moderne Apartments, Restaurants und Geschäfte. Allerdings sind noch viele Straßenzüge vernachlässigt. Dringend bedürfen auch diese Häuser, in denen meist sozial schwächere Familien wohnen, der Renovierungsarbeiten. Eines der schönsten Gebäude auf der Halbinsel ist der weiß getünchte Präsidentenpalast mit schmiedeeisern verziertem Tor und Balkonen. Weißgraue Reiher stolzieren im streng bewachten Eingangsbereich umher, zu dem es keinen Zutritt gibt.

Stattdessen besichtigen wir das Museo del Canal Interoceánico de Panama an der großen Plaza de la Independencia und informieren uns umfassend über die Historie und den Bau des Kanals.

Um mit eigenen Augen zu sehen, wie das technische Wunderwerk funktioniert, wollen wir mit dem Bus zu den Miraflores Docks hinaus. Doch der fährt uns vor der Nase weg. Also gönnen wir uns ein Taxi und bekommen den Tipp dazu, statt der Aussichtsplattform das Restaurant zu besuchen, dessen Terrasse die gleiche Übersicht bietet. Dem guten Rat folgen wir, das gesparte Eintrittsgeld geben wir für Tee und Kuchen aus und nehmen auf der „Tribüne" Platz. Die Lautsprecherdurchsagen vom Besucherdeck mit den Informationen über den Kanal dringen bis hierhin.

Seite 19: Den Panama-Kanal passieren jährlich rund 13.000 Containerschiffe

Links: Jeder Linienbus wird zu einem farbenfrohen Kunstwerk umgestaltet

Der Kanal hat eine bewegte Geschichte. Vier Jahrhunderte lang machten sich viele Menschen darüber Gedanken, wie und an welcher Stelle der Atlantik mit dem Pazifik verbunden werden könne. 1880 begannen die Franzosen schließlich mit dem Kanalbau. Nach 20 Jahren Kampf mit dem Dschungel, finanziellen Problemen, Korruption und Überforderung gaben sie auf. 22.000 Menschen ließen dabei ihr Leben, häufig bedingt durch Krankheiten wie Malaria und Gelbfieber. Die USA unternahmen wenig später mit politischem Geschick einen eigenen Anlauf. Panama gehörte Anfang des 20. Jahrhunderts noch zu Kolumbien. Die Nordamerikaner unterstützten die panamaische Regierung in ihrem Bestreben nach Unabhängigkeit und erhielten 1903 im Gegenzug einen Vertrag zum Bau des Kanals sowie die Betreiberkonzession. Erst Ende 1999 wurde die Verwaltung nach einem 20-jährigen Übergabeprozess an die panamaische Regierung zurückgegeben. Während der Bauphase entstand der damals größte künstliche See weltweit, indem das Wasser des Flusses Chagres eingedeicht wurde: Der Gatúnsee umfasst eine Fläche von etwa 42.500 ha.

Seite 21: Etwa zehn Stunden dauert die Fahrt durch den Panama-Kanal

Unten: Die Frachter werden von Loks durch die Schleuse gezogen

Am 15. August 1914 wurde der Kanal offiziell eröffnet, und das erste Schiff, der US-amerikanische Frachter „Ancon", passierte offiziell den knapp 82 km langen Kanal. In 8 bis 10 Stunden manövriert ein Schiff durch 3 Schleusen. Die Mirafloresdocks sind die schmalsten von ihnen, eine wahre Zentimeterarbeit für die Kanalarbeiter. Rund 13.000 Cargoschiffe aus 70 Ländern durchfahren den Kanal jährlich und befördern eine Fracht von etwa 300 Millionen Tonnen. Die Gebühren für eine Passage richten sich nach dem Ladegewicht und liegen durchschnittlich bei 48.000 US-Dollar. Die teu-

erste Durchfahrt beglich die „Coral Princess" 1993 mit rund 141.000 US-Dollar, die geringste Gebühr bezahlte Richard Halliburton, der den Kanal 1928 durchschwamm und dessen „Ladegewicht" mit 36 US-Cents berechnet wurde. 2006 beschloss die Regierung, den Kanal weiter auszubauen, damit Schiffe mit einer Ladung von 12.000 Containern hier entlang fahren und so die dreifache Menge an Containern befördern können. Damit erhöhen sich entsprechend die Einnahmen für den Staatshaushalt, die immerhin rund 40 % ausmachen.

Es herrscht Hochbetrieb. Die Schleusen füllen und leeren sich in Windeseile mit Wasser, kaum 10 Minuten dauert es, bis eine voll oder leer gepumpt ist. Ein Schiff nach dem anderen passiert die Tore. Gerade wird ein deutscher Frachter von 6 Loks durch die Schleusen gezogen. Diese Präzisionsarbeit erfordert höchste Konzentration. Den deutschen Seeleuten rufen wir ein „Moin, Moin" hinüber und sie antworten freudig überrascht über den Gruß in ihrer Sprache. Plötzlich verdunkelt sich der Himmel, im nächsten Moment regnet es wie aus Kübeln. Wir gönnen uns abermals ein Taxi zurück zum

Hotel. Im Gegensatz zu den Docks herrscht hier im Viertel Wassermangel, wegen Reparaturarbeiten gibt es kein fließendes Wasser. Die Frischwassertanks auf dem Dach sind nahezu erschöpft, einen Eimer können wir noch für die Toilettenspülung füllen, dann bleibt alles trocken. Duschen am nächsten Morgen fällt aus, aber das macht nichts. Bei über 30° C sind wir sofort wieder durchgeschwitzt, kaum dass wir das Gepäck aufgeschnallt haben. Wo immer wir auch am Ende des Tages landen werden, wir heben uns die Erfrischung für später auf.

Über die Brücke de las Américas verlassen wir Panama-Stadt. Seit ihrer Fertigstellung 1962 bis zum Jahr 2004 stellte diese Brücke die einzige Straßenverbindung zwischen Süd- und Zentralamerika dar, sie überspannt die Kanaleinfahrt am Pazifik über eine Länge von mehr als anderthalb Kilometern. Erst nach 42 Jahren wurde eine weitere Brücke in Betrieb genommen, um den Verkehrsstrom zu bewältigen.

Wir sind erstaunt über die Rücksichtnahme anderer Verkehrsteilnehmer uns gegenüber. Nachdem wir in den letzten Monaten auf Südamerikas Straßen gelernt haben, jeden Zen-

Seite 23: El Valle, das Tal im Vulkankegel

Unten: Brücke de las Américas – Verbindung zwischen den Kontinenten

timeter Straße zu erstreiten und unseren Fahrstil entsprechend angepasst haben, können wir in Panama getrost umdenken, selbst für Fußgänger wird auf den Straßen abgebremst.

Die Interamericana führt Richtung Nordwesten. Bald verlassen wir die viel befahrene Hauptverkehrsstraße und folgen der kurvenreichen Strecke durch den Wald in die Berge nach El Valle. In einem erloschenen Vulkankessel liegt der kleine Ort, der ein beliebtes Ziel für reiche Panamaer und gut betuchte Touristen aus aller Welt ist. Entsprechend teuer sind die Unterkünfte. Überhaupt zählt Panama neben Costa Rica zu den teuersten Reiseländern Zentralamerikas. Es wird auch schnell klar, warum. Viele nordamerikanische Touristen, die die größte Reisegruppe in diesem Land ausmachen, verbringen ihren Urlaub hier und zahlen jeden erdenklichen Preis für die „schönste Zeit im Jahr". Die meist zugereisten Hotel- und Ladenbesitzer sind geschäftstüchtig, entsprechend werden die Preise immer weiter in die Höhe getrieben, sehr zum Leidwesen derer, die weniger finanzkräftig sind. Auf der Suche nach einer Bleibe lernen wir den ganzen Ort kennen. Entlang der Durchgangsstraße liegen die Häuser und Geschäfte, eine zentrale Plaza gibt es nicht. In Nebenstraßen liegen verstreut einige weitläufige Hotelanlagen. Wir wären in jedem Hotel gerne gesehen, doch unsere Reisekasse gibt das nicht her. Die preiswerteren Unterkünfte haben keinen sicheren Stellplatz für die Motorräder. Schließlich landen wir im „Mittelfeld" bei einem ehemaligen deutschen Kapitän. Sein Rentnerdasein war ihm zu langweilig, und so wanderte er vor ein paar Jahren nach Panama aus. Er erwarb preiswert Land und schuf sich mit einem Hotel eine neue Existenzgrundlage.

Was suchen wir in diesem Sommerressort? Die Landschaft ist es, die uns anzieht. Viele kommen zum Wandern her, und auch wir vertreten uns ein wenig die Beine. Nach dem Frühstück, an das ich mich wohl noch werde gewöhnen müssen – Reis, Fleisch und gebratenes Gemüse mit Obst ist mein Magen nicht gewohnt – kraxeln wir auf den Hausberg, die „schlafende Indianerin". Durch die schwüle Luft und die steilen, matschigen Pfade ist die Wanderung anstrengend, aber der Blick in den begrünten Vulkankegel lohnt sich. Aus dem Krater, der schon seit vielen Jahrhunderten nicht mehr aktiv ist, entwickelte sich Sumpfgebiet, das später trocken gelegt wurde. Der Boden in der ganzen Gegend ist sehr fruchtbar. Etwas versteckt stehen vereinzelte kleine Holz- und Steinhäuser im Wald und am Ortsrand, Indigene leben hier und bewirtschaften einen kleinen Flecken Erde. Im Gegensatz zu uns bewältigen sie die Strecke schnellen Schrittes und mühelos hinunter ins Dorf. Männer kommen uns entgegen, schleppen mit Ziegelsteinen schwer beladene Holzgestelle auf dem Rücken. Das Baumaterial für ein neues Haus muss zu Fuß den Berg hochtransportiert werden, über die engen Wege käme kein Fahrzeug vorwärts.

Auf dem Rückweg weckt ein Felsen unsere Aufmerksamkeit, der sich im nächsten Moment in Richtung Erde zu neigen droht. An seiner glatten Schrägwand sind Petroglyphen verewigt. Die in den Fels geritzten bildlichen Darstellungen stammen aus präkolumbischer Zeit. Von wem sie geschaffen wurden und was sie darstellen, ist nicht genau bekannt. In der Tat finde ich es schwer zu erkennen, welche von den zahlreichen Figuren wirklich alt und historisch bedeutend sind, manche ähneln eher Kritzeleien aus jüngerer Zeit …

Seite 24, links: Wasserfall bei El Valle
Seite 24, rechts: Der Bergrücken „schlafende Indianerin"

Rechts: piedra pintada, Fels mit präkolumbischen Felszeichnungen
Unten: Detail der Petroglyphen

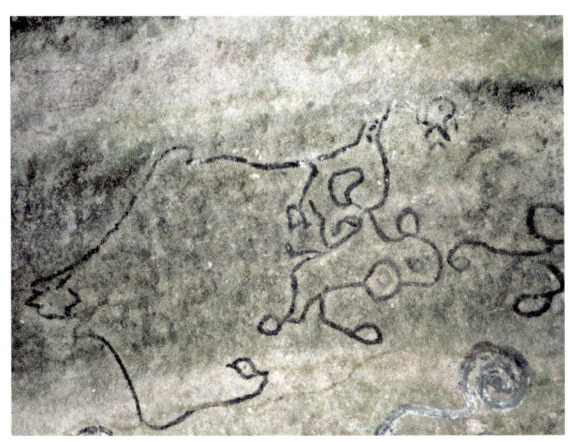

KAFFEEKULTUR

In westlicher Richtung fahren wir quer durch Panama, ohne irgendwo unterwegs anzuhalten. In der Region Chiriquí wenden wir uns kurz vor der Grenze wieder Richtung Berge und landen in Boquete. Bei Frank kommen wir in einer gemütlichen Pension unter. Er ist in Costa Rica geboren, hat eine kroatische Mutter und einen frechen Papagei, der gerne auf dem Boden herumspaziert und anderen in die Füße zwickt. Seine Pension ist meist ausgebucht, wir ergattern das letzte freie Zimmer. Am Abend steigt eine Party

mit arabischem Essen, Sadar kocht. Er wohnt seit zwei Monaten bei Frank und plant, im Ort ein arabisches Restaurant zu eröffnen. Er ist in den USA aufgewachsen, wie auch alle anderen Gäste Nordamerikaner sind. Interessanterweise führt fast alle das gleiche Ziel hierher: Land aufkaufen, spekulieren und gewinnbringend verkaufen. Den ganzen Tag fahren sie umher auf der Suche nach dem besten Angebot. Der eine oder andere Ausländer lässt sich auch in Boquete und Umgebung nieder und baut sich ein Anwesen. Die Herkunft der Besitzer ist meist leicht zu erkennen, wie eine Ranch anschaulich zeigt, deren weitläufige

Seite 27: Nordamerikanische Ranch in den Bergen von Panama

Unten: Vielfältige Vegetation bei Boquete

Koppeln von weiß gestrichenen Zäunen umgeben sind. Viele Einheimische betrachten den Landverkauf mit Skepsis. Davon abgesehen, dass es ihnen zunehmend schwerer fällt, bei steigenden Grundstückspreisen Land für sich selbst zu erwerben und zu bewirtschaften, steigen in der Gegend auch die Preise für Lebensmittel und andere Güter des täglichen Bedarfs stetig.

Nach langer Zeit treffen wir in Boquete wieder auf Motorradreisende. Nick und Jill aus Großbritannien sind schon seit knapp einem Jahr unterwegs und wie wir aus Südamerika gekommen. Vera und Peter aus Tschechien sind in Mexiko gestartet, durch ganz Lateinamerika gereist und jetzt wieder auf dem Weg in den Norden. Wir gehen zusammen mexikanisch essen. Besonders Vera freut sich auf Bohnenmus, eine ihrer Lieblingsspeisen. Auch ich bestelle mir eine Portion frijoles zum Essen, doch die braune Masse erinnert mich zu stark an eine bereits verdaute Mahlzeit, als dass ich sie genießen könnte. Es wird ein langer Abend, wie gut tut es, Erfahrungen untereinander auszutauschen und die vielen kleinen Geschichten von unterwegs zu erzählen, die jeder von uns erlebt und die sich so oft gleichen.

Am nächsten Tag suche ich einen Arzt auf, bei der letzten Wanderung habe ich mir das Knie verdreht. Ich kann kaum noch auf das Motorrad steigen, geschweige denn kuppeln. Die Behandlung und eine Schmerzspritze kosten kaum 5 US-Dollar, doch das Medikament, das der Arzt verschreibt, ist umso teurer: 10 einzelne Tabletten kosten fast 20 US-Dollar, ein stolzer Preis. Wie können Einheimische sich diese Medizin leisten? Zusätzlich bekomme ich vier Tage Ruhepause verordnet. An die halte ich mich mehr oder weniger, denn die Gegend ist zu schön, um nur tatenlos herumzusitzen. Also

nimmt Axel mich auf dem Soziussitz mit und kutschiert uns durch die Gegend. Die Umgebung ist idyllisch. Der Río Caldera plätschert durch das Tal, die Hänge sind mit sattem Grün übersät, eine vielfältige Mischung von blühenden Pflanzen, vor allem Orchideen, bringt Farbtupfer in die üppige Vegetation. Der Wald sorgt für schattige Abkühlung, die Luft riecht nach Frühling. Nächtliche Regenschauer versorgen die Erde mit Feuchtigkeit.

Wir fahren eine Piste entlang, die sich zum fast 3.500 m hohen erloschenen Vulkan Barú windet. Weit kommen wir nicht, nach kurzer Zeit wird der Weg immer schmaler und ist mit dicken, hervorstehenden Steinen gespickt, die eine Fahrt zu zweit trotz Enduro unmöglich machen. Nur zu Fuß ginge es weiter auf eine ganztägige Wanderung Richtung Vulkan. Auf der Rückfahrt stehen immer wieder Polizeiposten an der Straße. Wir halten an und fragen, was passiert sei. Der Präsident des Landes höchstpersönlich sei hier und übergebe der Bezirksregierung feierlich einen Scheck zum Bau einer Brücke. Daher würden die Ausfallstraßen um Boquete bewacht. Wir dürfen weiter fahren und sehen noch, wie der Erste Mann des Staates in seiner Limousine den Ort verlässt. Eskortiert wird sein Wagen von Polizeimotorrädern, jeweils ein Polizist mit einem Gewehr in Präsentierhaltung sitzt auf dem Soziusplatz.

Rund um Boquete herrscht ein ideales Klima für den Kaffeeanbau, in einer Höhe zwischen 1.200 und 1.700 m gedeiht wie in Äthiopien die Arabicabohne bestens. Hier in den Bergen der Region Chiriquí wachsen die Spitzenqualitäten Panamas. Als eingefleischte Teetrinkerin bräuchte mich das nicht weiter zu beschäftigen, doch es ist natürlich spannend zu erfahren, wie aus den Früchten der Kaffeepflanzen die exportreifen Bohnen werden.

Wir besichtigen die Kaffeeplantage einer alt eingesessenen Familie. Zufällig treffen wir

Seite 28, oben: Kaffeeplantage als Monokultur
Seite 28, unten: Kaffeepflanze mit Früchten

Rechts: Eine Familie des Volkes Ngube-Böklé
Unten: Kleinbauern betreiben kleinflächigen Kaffeeanbau

auch den 84 jährigen Firmengründer, der noch voll im Geschäftsleben eingebunden ist und sich Zeit für ein Schwätzchen mit uns nimmt. Carlos, vom Stamm der Ngube-Böklé, ist unser Experte und Tourleiter. Er erläutert vier Stunden lang den gesamten Prozess von der Nachzucht der Kaffeepflänzchen bis zum Verpacken der Bohnen für den Export. Carlos arbeitet seit seinem 10. Lebensjahr auf Kaffeeplantagen und ist in diesem Betrieb seit mehreren Jahren beschäftigt. Er hat sich hochgearbeitet, eine Schulausbildung absolviert, Sprachen gelernt und ist heute für die Besuchergruppen zuständig; eine Entwicklung, auf die er zu Recht stolz ist.

Für die rund 1.000 Saisonarbeiter gibt es ein unternehmensinternes Sozialprogramm. In der Fabrik wird rund um die Uhr in Acht-Stunden-Schichten produziert. Während der Erntezeit leben die Arbeiter auf den Plantagen in Unterkünften und können alles, was auf dem Gelände wächst, zum eigenen Verzehr nutzen. Dazu gehören die Früchte der vielen Obstbäume, die Eier der Hühner oder Gemüse von den Feldern. Sie sind versichert und werden im Krankheitsfall kostenlos behandelt. Darüber hinaus erhalten die Arbeiter, die meist aus indigenen Volksgruppen stammen, Schreib- und

Seite 30, links: Frucht und Bohnen der Kaffeepflanze
Seite 30, rechts: Kaffeepflanzensetzlinge

Rechts: In Säcken gelagert reifen Kaffeebohnen mehrere Wochen

Rechenunterricht in ihrer eigenen Sprache und können Spanisch lernen. Die Schule und die Arbeit auf den Plantagen werden mit zwiespältigen Augen gesehen, wie Carlos erzählt. Viele der Älteren fürchten, dass die eigene Kultur und Traditionen verloren gehen, wenn die Indigenen sich zu sehr auf das „moderne" Leben einlassen und in die größeren Orte abwandern, um hier Geld zu verdienen. Ein aus ihrer Sicht nachvollziehbarer Gedanke, doch viele Jüngere wählen diesen Schritt mangels anderer Möglichkeiten, auf fruchtbarem Boden zu siedeln und von der Subsistenzwirtschaft leben zu können. Die Ngube-Böklé sind die letzte indigene Gruppe, die in der Region noch existiert. Immer größere Flächen werden von Großgrundbesitzern zu Kaffee- und Obstplantagen umgebaut, die Menschen weiter in die Berge zurückgedrängt, wo die Böden weniger ertragreich sind.

   Die Männer bekommen ihren Lohn wöchentlich zu 90 % ausbezahlt, die restliche Summe erhalten sie nach der Saison, damit etwas für die Familien übrig bleibt. Jede Woche am Zahltag ist Boquete überfüllt mit Menschen. Manche Frauen und Kinder in ihren traditionellen schlichten Kleidern sind darunter und hoffen, etwas von dem Wochenlohn ihrer Männer

CASA RUIZ, S.A. - PANAMA

abzubekommen, denn viele Arbeiter geben das ausbezahlte Geld gleich für Alkohol wieder aus.

Das Unternehmen, das wir besichtigen, betreibt biologischen Anbau. Es werden keine Pestizide eingesetzt und keine Monokulturen gepflanzt, stattdessen wachsen zwischen den Kaffeepflanzen verschiedene Fruchtbäume. Die ziehen Insektenschädlinge von den Kaffeepflanzen weg und Vögel an, die wiederum die Insekten vertilgen. Zur Düngung verteilen die rund 250 frei laufenden Hühner scharrend eine Mischung aus Hühnerkot, Bohnenschalen und Asche aus der Produktion über das gesamte Gelände. Mit

dem nährstoffreichen Vulkanboden schafft dieser Dünger gute Wachstumsbedingungen für die Kaffeepflanzen. Manche der ausgewachsenen Bäume werden bis zu 8 m hoch und nahezu 200 Jahre alt. Je älter die Pflanze, desto besser ist die Qualität der Bohnen.

Von Oktober bis Mai ist Erntezeit, es wird handgepflückt, das heißt alle zwei Wochen wird jeder Strauch abgegangen, um die reifen Früchte zu pflücken und die Pflanzen auf Insektenbefall zu untersuchen. Eine arbeitsintensive Lese, denn immerhin werden 750 kg Bohnen benötigt, um 100 kg getrocknete Bohnen für

die Röstung zu erhalten. Nach dem Pflücken werden die Früchte in einem Wasserbad vorsortiert, die schlechten Bohnen schwimmen oben und wandern in die Produktion für löslichen Kaffee. Sie werden maschinell von ihrer ersten Schale gelöst. Die guten Bohnen gären 24 Stunden, werden gewaschen und geschält und nach einem Trocknungsvorgang drei bis fünf Monate wie ein guter Wein zum Reifen gelagert. Dann werden maschinell die anderen beiden Schalen abgelöst und die Bohnen nach Größe und Gewicht sortiert. In einer mit Schalen und Holz befeuerten Trockenmaschine werden sie fertig

getrocknet, in Säcke abgepackt und sind dann zugenäht fertig für den Export. Die Röstung erfolgt in den Verkaufsländern, nur ein kleiner Prozentsatz wird in Panama verarbeitet und auf dem inländischen Markt verkauft. Viel Handarbeit steckt in der Produktion, die die weltweit niedrigen Preise für eine Packung Bohnenkaffee kaum erahnen lassen. Nach dieser Führung sind wir wahre Kaffeeexperten, auch wenn ich immer noch keinen trinke.

Panama riecht nicht nur nach Kaffee, sondern nach vielen Düften von Pflanzen und Blüten. Auch nach Bananen. Doch haben manche guten Gerüche einen faden Beigeschmack – für die Mehrheit der Bevölkerung. Nicht nur in Panama, auch in anderen Ländern Zentralamerikas wie Costa Rica, Guatemala oder Honduras bestimmen internationale Bananengesellschaften seit Anfang des 20. Jahrhunderts die politischen und wirtschaftlichen Geschicke dieser Länder, leben die Menschen unter gesundheitlich und sozial bedenklichen Bedingungen und wird die Natur zerstört. Auf unserer Weiterreise durch Zentralamerika werden wir immer wieder darauf gestoßen.

Unten: Rund um Boquete gibt es kurvenreiche Fahrstrecken

33

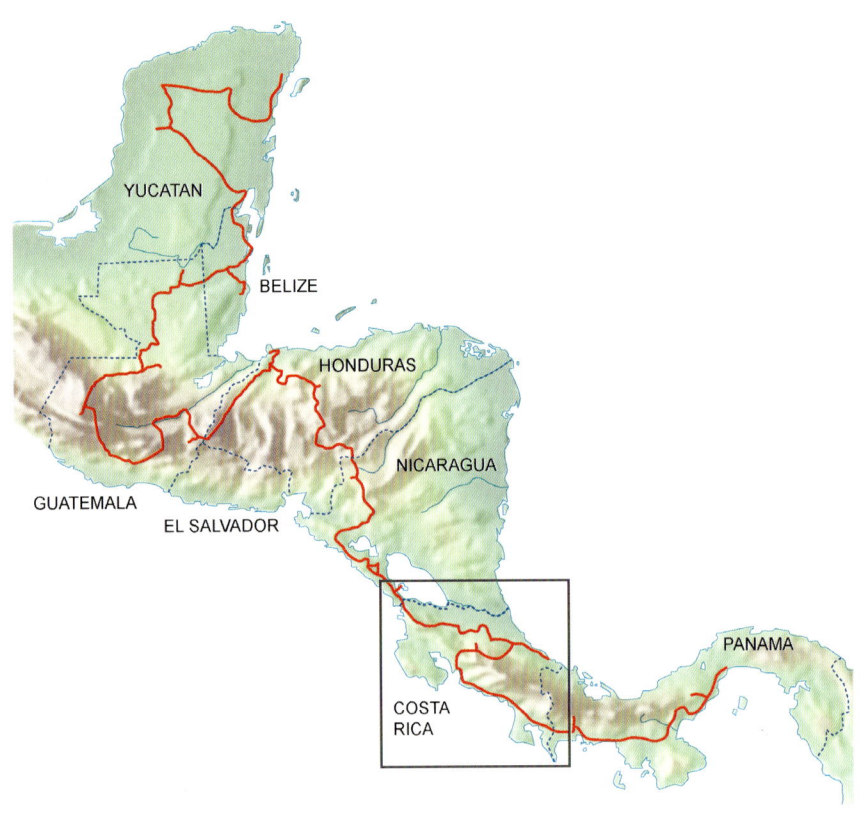

Über Piedras Blancas und Palmar Sur führt die Straße zur Pazifikküste, vorbei an Dominical nach Quepos. Man passiert Jacó und Tárcoles und gelangt in die Hauptstadt San José. Durch Cartago geht es weiter an die Karibikküste nach Cahuita. Bis nach Siquirres verläuft die Strecke auf gleichem Weg zurück und wird über Guápiles und San Miguel nach Fortuna bis zum Lago Arenal fortgesetzt. Richtung Nordwesten gelangt man auf der Interamericana zurück bis nach La Cruz.

COSTA RICA
INS PARADIES

MYSTISCHE STEINKUGELN

Nachdem ich mein Knie wieder besser bewegen kann, brechen wir Richtung Costa Rica auf. Es ist schwül nach dem nächtlichen Regenschauer, der Schweiß rinnt uns schon beim Bepacken der Motorräder am Körper hinunter. Richtig ins Schwitzen kommen wir aber an der Grenze. Die Panamaer wollen uns nicht ausreisen lassen, weil eine gebührenpflichtige Briefmarke im Pass fehlt, die die Zöllner am Flughafen hätten einkleben müssen. Hektisch läuft ein Mitarbeiter hin und her, telefoniert mit verschiedenen Dienststellen. Nach einer halben Stunde stellt sich heraus, dass am Cargo-Flughafen in Panama-Stadt alles ordentlich abgewickelt wurde und sie ausnahmsweise auf diese Marke verzichten werden.

Damit sind wir aber noch lange nicht nach Costa Rica eingereist. Den Stempel für unseren Aufenthalt haben wir schnell im Pass, aber mit den Motorrädern wird es kompliziert.

Die Zollbeamtin teilt mir mit, dass ich eine Haftpflichtversicherung abschließen müsse, bevor sie die Importpapiere ausstellen könne. Der dafür zuständigen Person erkläre ich, dass wir bereits eine internationale Versicherung besitzen, die auch für Costa Rica gilt, doch sie wiederholt nur stoisch immer wieder den einen Satz: „Eine staatliche Versicherung ist obligatorisch." Mehr Informationen sind von ihr nicht zu bekommen. Ich lasse mich zu der diensthabenden Chefin bringen und diskutiere die Sache mit ihr, würde gerne den Gesetzestext sehen, in dem diese Versicherung angeblich verankert ist.

Sie fordert diesen aus der Hauptstadt per Fax an. Zeit verstreicht. Axel stellt sich schon einmal am Bankschalter an, um einheimische Währung einzutauschen. Nach einer Stunde werde ich in das Büro der Chefin gerufen. Sie legt mir das Fax vor, aus dem tatsächlich ein entsprechender Passus hervorgeht. Ich gebe mich geschlagen.

Mittlerweile ist es Mittag, alle Schalter werden geschlossen und die Damen gehen zu Tisch. Für eine weitere Stunde passiert nichts. Wenigstens hat Axel Colones-Scheine im Portemonnaie. Es bleibt genügend Zeit, sich umzuschauen und die Szenerie an der Grenze auf sich

Rechts: Hoch hängen die reifen Früchte der Kokospalme

wirken zu lassen. Ein paar Frauen bieten in einem Bauchladen Getränke und Selbstgebackenes an, eine Gruppe von Mädchen in Schuluniform albert an einer Bushaltestelle herum, ein Junge bietet in der Hoffung auf eine kleine Belohnung Reisenden seine Hilfsdienste bei den Grenzformalitäten an.

Dann öffnen die Schalter wieder. Ich schließe die obligatorische Versicherung ab und erhalte einen Beleg, aus dem weder die Leistungen der Versicherung noch Informationen darüber hervorgehen, was im Fall eines Falles zu tun wäre. Angeblich würde sich die herbei-

gerufene Polizei um alles kümmern. Wir hoffen, die Versicherung unterwegs nicht in Anspruch nehmen zu müssen. Am Zollschalter werden nun die Importformulare ausgefüllt, Kopien angefertigt und zum Schluss unser Gepäck kontrolliert, dann dürfen wir endlich weiterfahren. Keine fünf Minuten sind wir im Land unterwegs, als wir von einem Polizeiposten auf der Straße angehalten werden. Er will sämtliche Dokumente sehen. In den letzten Monaten unterwegs haben wir die Gepflogenheiten des jeweiligen Staatsapparates kennen gelernt und zu verstehen versucht. Innerhalb Europas sind wir das freie Reisen

Unten: Diskussionen mit dem Zoll bei der Einreise nach Costa Rica

Rechts: Selten warnt ein Schild vor dem schlechten Straßenbelag

gewohnt, von bürokratischen Hürden könnten uns dort Nicht-EU-Bürger wahrscheinlich einiges erzählen, uns geht es hier nun nicht anders. Wir fühlen uns an ähnliche Situationen in Nordargentinien erinnert, wo wir alle 50 km angehalten wurden und kaum Strecke machen konnten. Also erzähle ich ihm, dass wir gerade umfassende Grenzformalitäten hinter uns gebracht und die Motorräder nicht heimlich eingeschleust hätten, dementsprechend auch unsere Papiere in Ordnung seien. Unbeeindruckt gibt er zurück, es wäre sein Job, genau das zu kontrollieren. Von seinem Standpunkt aus betrachtet hat er natür-

Unten: Löchriger Asphalt erschwert die zügige Fahrt
Unten, rechts: Knöcheltief versinkt man in manchen Löchern

lich Recht, doch aus unserer Sicht fühlen wir uns nur aufgehalten. Innerhalb der nächsten halbe Stunde werden wir noch zweimal kontrolliert. Nun nehmen wir es von der unterhaltsamen Seite, schließlich sollen alle etwas davon haben. Ich schreibe mir den Namen des Polizisten auf und erkläre ihm, dass ich das zuständige Ministerium darüber informieren werde, dass wir immer wieder ohne ersichtlichen Grund kontrolliert würden. Überraschenderweise bringe ich ihn damit aus dem Konzept. Er gibt uns kommentarlos die Dokumente wieder und lässt uns fahren. In den nächsten Tagen werden wir nicht mehr angehalten – ein Zufall? Die Interamericana führt uns durch das südliche Pazifiktiefland. Die Straßen sind in katastrophalem Zustand. Zum Teil tun sich tiefe Löcher im Asphalt auf, die von weitem kaum zu erkennen sind. Nur selten warnt ein Schild vor dem schlechten Belag. Dank der guten Federung bleiben die Motorräder vor größeren Schäden bewahrt.

In Palmar Sur fallen riesige Steinkugeln aus massivem Granit auf, die über den ganzen Ort verstreut sind. Sie wiegen bis zu 25 t, haben einen Durchmesser von bis zu 2,5 m, sind glatt geschliffen und exakt gerundet. Wissenschaftler

Seite 39: Mystische Steinkugeln in Palmar Sur
Unten: Niemand kennt die wirkliche Bedeutung dieser runden Kugeln

Seite 40: Eine Flussdurchquerung ist jedes Mal eine Herausforderung
Seite 41: Eine zerstörte Brücke bedeutet nicht das Ende einer Fahrt

vermuten, dass sie etwa zwischen 200 und 1200 n. Chr. geschaffen wurden, doch zu welchem Zweck und wo sie genau herstammen, ist bis heute nicht geklärt. Man misst ihnen mystische Bedeutung zu, ohne diese je entschlüsselt zu haben. Möglicherweise zeigten sie einmal die Konstellation von Sonnen und Planeten oder dienten als Grenzsteine für bestimmte Gebiete. Was auch immer sie symbolisieren, beeindruckend sind sie allemal. Frank aus Boquete gab uns den Rat, statt der Interamericana einer neuen Küstenstraße direkt entlang dem Pazifik zu folgen. Ein guter Tipp. Die glatt asphaltierte

Strecke führt an kleinen Buchten dicht am Pazifik vorbei. Kraftvoll werfen sich die Wellen gegen die Felsen, strahlend blauer Himmel schimmert zwischen den Palmen hindurch. Die Ausbaustrecke endet hinter Dominical, danach geht es auf einer staubigen und löchrigen Piste weiter. Morsche Brücken, Furchen und spitze Steine erfordern unsere volle Konzentration. Die unbefestigte Straße führt zu einem Zufluss ins Meer. Die darüber führende Brücke existiert nicht mehr. Axel steigt ab, um den Fluss näher zu betrachten. Er ist zwar nicht tief, aber große, mit Moos bedeckte Steine versprechen eine rut-

schige Weiterfahrt. Ein vom anderen Ufer heranbrausender LKW mit Anhänger brettert durch die Mitte des Flusses. Er sinkt nicht besonders tief ein, so dass auch wir es schaffen müssten. Axel fährt als Erster, bis zum Tank verschwindet die Twin im Wasser und sowohl er wie auch das Motorrad werden durch eine Fontäne geduscht. Ich folge ihm nicht ganz so elegant ans andere Ufer. Weiter geht es wie beim Riesenslalom immer den Schlaglöchern ausweichend. Von hohen Palmenplantagen gesäumt führt der Weg schließlich nach Quepos.

UNTERWEGS IN GEHEIMER MISSION

Mehr als ein Fünftel der Fläche Costa Ricas ist mittlerweile als Naturschutzgebiet ausgewiesen, verglichen mit anderen Staaten beachtenswert, auch wenn die restlichen Regionen des Landes weiter ausgebeutet werden. Gerade in den touristisch bedeutenden Gegenden wie bei Quepos werden große Flächen versiegelt und mit weitläufigen teuren Hotelanlagen und Restaurants entlang der Küstenstraße bebaut. Anziehungspunkt für den ehemaligen Fischerort ist der nahe gelegene Nationalpark Manuel Antonio. Das Dorf selbst ist klein und ursprünglich geblieben, nur wenige Einwohner profitieren vom Tourismusboom. Ein Hostel bietet Platz für uns vier. Sie haben sogar einen kleinen Pool, über den wir uns besonders freuen, da der Küstenabschnitt im Dorf wegen des alten Hafenanlegers nicht zum Baden geeignet ist. Wir lernen ein deutsches Urlauberpärchen kennen, das gerade angekommen ist. Die beiden schenken uns eine aktuelle deutsche Wochenzeitschrift und eine Tafel meiner Lieblingsschokolade, welch willkommene genussvolle Abwechslung zum Lesen und Schlemmen!

Seite 42, oben und unten: Schöne Strände im Nationalpark Manuel Antonio

Seit Brasilien warten einige Aquarelle darauf, übergeben zu werden. Den Künstler Marcelo haben wir auf der Insel Santa Catarina kennengelernt. Als er davon hörte, dass wir quer durch Zentralamerika reisen würden, kam ihm die Idee, uns einige seiner Werke für seine dort lebenden Kinder mitzugeben. Nachdem wir als „motorisierte Boten" die Aquarelle wohl behütet mehrere Tausend Kilometer durch Süd- und Zentralamerika befördert haben, freuen wir uns darauf, sie übergeben zu dürfen, was allerdings nicht leicht sein wird, da wir nur die Vornamen und eine vage Beschreibung der Wohnung der Familie von Marcelo kennen. Mit dem Linienbus fahren wir Richtung Manuel Antonio, fragen uns bei den Einheimischen durch und werden kurz darauf fündig. Die Mutter der Kinder ist bereits davon informiert, dass zwei Motorradfahrer auf dem Weg nach Costa Rica sind und nach ihr suchen. Sie kann es kaum glauben, dass wir sie tatsächlich gefunden haben und nun vor ihr stehen. Die Kinder sind in der Schule, so verabreden wir uns für den Abend in ihrem Haus. Die Freude ist groß, sowohl bei den Kindern über die Aquarelle als auch bei uns über die geglückte Mission. Marcelo schreibt uns rührende Dankesworte: „Zwei Motorräder durch-

Rechts: Rund um Quepos findet man einsame Buchten

querten mein Herz und hinterließen einen Regenbogen auf ihrem Weg. Ich werde ihn für immer in mir strahlen lassen!" Wir nutzen die Gelegenheit, legen nach geglückter Mission ein paar Tage Ruhepause ein und genießen Sonne, Strand und Meer. Die Motorräder lassen wir stehen, nichts würde uns dazu bringen, bei den vorherrschenden Temperaturen den Helm aufzuziehen. Der lokale Bus wird unser Haupttransportmittel, er bringt uns über die Kurvenstrecke zum Nationalpark Manuel Antonio. Auf einer dieser Fahrten bremst der Busfahrer scharf um ein Faultier, das im Zeitlupentempo die Straße überquert, zu retten. Herbeieilende Männer bringen es zum nächsten Baum. Die Tiere, die normalerweise in Bäumen leben, können sich mit ihren langen Klauen auf der Straße kaum vorwärts bewegen. Vielleicht wollte der kleine Kerl nur kurz mal austreten und ist vom Weg abgekommen, die Gefahr der vielbefahrenen Straße war ihm nicht bekannt.

683 ha Land und 55.000 ha Meeresfläche umfasst das hier befindliche Nationalparkgebiet. Wir treffen auf tropischen Regenwald, Mangrovensümpfe und beeindruckende Strände, bewohnt von heimischen Tieren, die man nur selten findet. Langbeinige Spinnen, die in ihren Netzen auf Beute warten, Leguane, die sich an Baumstäm-

Links: Weißschulterkapuziner sammeln Nahrung

Seite 45: Schwarzer Leguan
Seite 46: Spitzkrokodile beim Sonnenbaden

men in der Sonne aalen, winzige Einsiedlerkrebse, die ihr Schneckenhaus mit auf dem Rücken tragen und mit ihren Jungen durch die Bäume tollende Kapuzineraffen Wenn man sich ruhig verhält, kann man einige von ihnen ausgiebig beobachten, nur der ständig zu hörende Aufschrei „Oh my god!" von entzückten Touristen verscheucht die Tiere. Um die Affen in sichtbare Nähe zu locken, werfen manche Besucher den Tieren Futter vor, was zwar streng untersagt ist, jedoch den mangelnden Respekt vieler Touristen gegenüber der Natur zeigt.

Wir wählen einen abgelegenen Wanderweg, der zunächst am Strand entlang und dann mitten durch dichten Wald mit abwechslungsreicher Vegetation führt. Immer wieder schimmert das türkisfarbene Meer durch die Zweige, das kleine vorgelagerte Inseln umspült. Danach lassen wir uns an einem ruhigeren Strandabschnitt nieder und genießen die Natur. Aus den Bäumen dringt das Geräusch kreischender Affen und zwitschernder Vögel zu uns. Ein Schwarzer Leguan kriecht wenig menschenscheu und neugierig bis in die Nähe unserer Badelaken. Zu vielen Touristen sind diese Tiere schon begegnet und haben dadurch ihren Gefahreninstinkt verloren.

Wir paddeln im warmen „Planschbecken" Pazifik. Eine Frau spricht uns auf Deutsch an, die ihre seit einigen Jahren in Costa Rica lebende Tochter besucht. Traurig erzählt sie uns von den Veränderungen im Land durch den Tourismus und der steigenden Kriminalität. Sie rät uns vorsichtig zu sein, da man mit Gelegenheitsdieben sowohl an den Stränden wie auch im Ort rechnen muss. Es seien sogar schon mehrmals Hunde auf dem Grundstück ihrer Tochter vergiftet worden. Gibt es Diebe nicht überall dort, wo sich Gelegenheit bietet, gerade in Urlaubsregionen? Es wundert mich nicht weiter. Als wir von unserer langen Tour erzählen, unterbricht sie uns erstaunt und fragt, ob wir nichts anderes zu tun hätten? Ich lache, so verschieden kann man „Reisen" sehen.

Immer mal wieder fällt im Dorf der Strom aus, die Einwohner leben damit und halten Kerzen bereit. Wir sitzen gerade in einem kleinen Restaurant und warten auf unser Essen. Die Küche bleibt kalt und wir bekommen an Stelle eines warmen Abendessens einen Salat serviert, den wir bei Kerzenschein genießen. Sogar mein Motorrad leidet am nächsten Morgen unter Stromausfall. Beim Aufbruch gibt der Anlasser keinen Ton von sich. Irgendwoher verliert die Batterie still und heimlich Strom. In voller Montur lade ich mein Gepäck wieder ab und angle das Überbrückungskabel aus der Kiste, um die Batterien der beiden Motorräder über zwei Ladesteckdosen miteinander zu verbinden. Die Transalp sträubt sich erst, und springt dann doch an. Schnell verschnüre ich das Gepäck und fahre los, bevor die Batterie es sich anders überlegt.

Richtung Hauptstadt San José führt eine schmale, gewundene Landstraße. Im Grunde kann man die Straßen in Costa Rica in drei Kategorien teilen: Neuer glatter Asphalt, alter zerlöcherter Asphalt und staubige Pisten mit Schlaglöchern. Nicht nur wir haben verkehrstechnische Probleme, es entstehen Staus durch sich bei Ausweichmanövern ineinander verkeilende Autos oder durch enge Straßen, in denen ein Laster und ein Bus nicht aneinander vorbeikommen. Gelegentlich reizt eine Situation auch zum Schmunzeln. In einer Kurve wird ein Stück Straße neu asphaltiert, eine Fahrbahnseite ist gesperrt. Ein Laster mit Baumaterial stand beim Abkippen seiner Ladung wohl so schräg am Graben, dass er abgerutscht ist und von einer Böschung aufgefangen wurde. Man muss nun auf das Trocknen der neuen Fahrbahndecke warten, damit er herausgezogen werden kann.

Rechts. Ein gemaltes Herz auf der Straße erinnert an einen Verkehrstoten

47

VULKANE WIE SCHWARZER SAND AM MEER

In der Hauptstadt San José fällt die Orientierung leicht, am Wochenende herrscht wenig Verkehr. Die Straßen sind im Norden und Osten mit ungeraden, im Süden und Westen mit geraden Ziffern nummeriert. Wir kommen in einer Jugendherberge am Rand der Innenstadt unter, die über einen von einer Mauer umgebenen Parkplatz verfügt. Jugendherbergen haben ihre eigene Atmosphäre. Gelegentlich haben auch

Rucksackreisende wenig Gespür für gegenseitige Toleranz. Sie diskutieren zwar engagiert in der Hängematte über die Auflehnung gegen das „Establishment" und über eine „bessere Welt", hinterlassen aber Bäder und die Gemeinschaftsküche so, dass an diesen Orten Schilder mit dem Hinweis „Bitte sauber verlassen, Deine Mama arbeitet hier nicht" keine Seltenheit sind. In der Nacht ist kaum an Schlaf zu denken. Nachdem die letzten ins Bett gehen, stehen die ersten geräuschvoll wieder auf. Vielleicht sind es die unterschiedlichen Reisegewohnheiten, die Gäste unterscheiden. Während die einen ihren

Seite 49, rechts: Regierungsgebäude in San José
Seite 49, unten: Skulptur in der Hauptstadt, die zum Nachdenken anregt

Unten: Verschiedenste Verkehrsmittel treffen an dieser Kreuzung aufeinander

Schlaf bei stundenlangen Busfahrten nachholen können, müssen wir für die Fahrt auf unseren Motorrädern ausgeschlafen und konzentriert sein, um den Straßenverkehr unbeschadet zu überstehen.

Auch wenn San José keine Besonderheiten zu bieten hat, verfügt die Stadt über ein paar „grüne Lungen", Parks und Grünflächen, in denen die „Ticos" mit ihren Familien ihr Wochenende verbringen. Attraktiver ist die Umgebung von San José, das Valle Central, in dem Vulkane und Wälder das Bild bestimmen. 60 km nördlich der Hauptstadt gelegen, ist der 2.708 m hohe Vulkan

Poás die meiste Zeit in Nebel gehüllt, so auch, als wir an einem Mittag dort eintreffen. Netterweise gibt uns der Kassier den Tipp, lieber am nächsten Morgen ganz früh wiederzukommen, dann könnten wir Glück haben und den Krater sehen. Gesagt, getan. Früh nach Sonnenaufgang machen wir uns erneut auf den Weg und werden mit einer fantastischen Aussicht belohnt. Um diese Zeit ist außer uns kaum jemand hier und im Kessel brodelt und blubbert ein Schwefelsüppchen vor sich hin. Aus verschiedenen Bodenöffnungen qualmt es, der Wind treibt die Dämpfe davon. Diese Exhalationen entstehen durch entweichende

Seite 50: Im Krater Poás kocht ein Schwefelsüppchen
Seite 51: Vulkanische Gase dringen aus den Erdlöchern

Links: Kratersee im Vulkangebiet Poás
Unten: Erkaltete Lava schafft skurrile Landschaftsformen

vulkanische Gase beziehungsweise wenn in Gas umgewandeltes Wasser tief aus dem Inneren des Vulkans mit wenig Druck an die Oberfläche tritt. Es würde mich reizen, mit einer überdimensionalen Kelle in dem Becken herumzurühren und den „Hexensud" zu probieren.

Auf einer Tagestour durchqueren wir das Land bis zur Karibikküste und landen mitten im „Bananenland". Hier bekommen wir einen anschaulichen Eindruck von den Dimensionen der industriellen Bananenproduktion, die sich seit Anfang des letzten Jahrhunderts in diesen Ländern entwickelt hat. Um uns herum säumen riesige Plantagen der führenden internationalen Konzerne die Straße, auf der LKWs containerweise die zum Zeitpunkt des Pflückens noch unreifen Früchte zum Hafen von Puerto Limón bringen, von wo aus sie in alle Welt verschifft werden. Die Früchte selbst sind an den Bäumen kaum zu erkennen, alle Stauden sind in blaue Plastiksäcke gehüllt, die für schnelleres Wachstum und Schutz vor Schädlingen sorgen. Nahezu jeder Arbeitsplatz in dieser Region ist direkt oder indirekt von den Konzernen abhängig. Für neue Plantagen muss immer mehr Wald gerodet werden, da die Böden der alten Anbauflächen nach einigen Jahren nicht mehr genügend Nährstoffe für das Pflanzenwachstum hergeben.

Rechts: Bananenstaude

Seite 54, oben: Bananenplantagen ziehen sich über weite Flächen hin
Seite 54, unten: Blaue Plastiksäcke gegen Schädlinge
Seite 55: Am Nationalpark Cahuita

Links: Schwarzer Sand lockt an der Karibikküste
Unten: Strand von Cahuita im Abendlicht

Seite 57, oben links: Peitschenschwanz-Ameive
Seite 57, oben rechts: Greifschwanzlanzenotter
Seite 57, unten: bunt schillernde Krabbe im Unterholz

Unser ganzes Augenmerk gilt nun der Straße. Die Schwertransporter haben dem Belag zugesetzt. Jeder fährt dort, wo es ihm am einfachsten erscheint, manches Mal tauchen LKWs plötzlich in unserer Spur auf. Dann hilft nur noch ein Schlenker in den Straßengraben. Zwar haben die schweren Brummer eine Geschwindigkeitsbeschränkung von 60 km/h, die schaffen sie aber locker bergauf und auf gerader Strecke fahren sie noch mal so schnell.

Wir fahren die Küstenstraße weiter nach Süden bis ins beschauliche Cahuita. Der Tourismus beginnt hier zwar erst zu sprießen, die Preise stehen allerdings bereits hoch im Kurs. Im Dorf richtet man den Tagesablauf nach Sonnenauf- und untergang ein. Um 18 Uhr erlischt „von oben" das Licht. Man geht früh schlafen und ist bei Tagesanbruch wieder auf den Beinen.

Der nahe Strand besteht aus schwarzer Vulkanasche. An ihm entlang wandern wir zum Nationalpark Cahuita. Die Schutzfläche umfasst auf dem Land 1.068 ha, das marine Schutzgebiet ist rund 22.000 ha groß. Vorbei an Kokospalmen und durch tropischen Regenwald entdecken wir eine Reihe von Tieren. Brüll- und Weißkopfaffen hangeln sich durch die Bäume, ein Faultier liegt schlafend im Geäst, bunt schillernde Krabben ziehen sich rasch in ihre Erdlöcher zurück, wenn sie Schritte spüren, eine Armee von Blattschneiderameisen trägt ihre Beute durch das Unterholz, farbige Echsen wie die Peitschenschwanz-Ameive krabbeln durchs Gebüsch. Eine Greifschwanzlanzenotter, die zu den 17 giftigen Schlangenarten in Costa Rica zählt, liegt zusammengerollt scheinbar unschuldig im Geäst. Ihre gelbe Signalfarbe zieht optisch an, doch man sollte ihr nicht zu nahe kommen. Ein Waschbär streift im Schatten der Bäume durch ein sumpfiges Waldstück und beobachtet uns aus sicherer Entfernung, seine Fellfarbe tarnt ihn gut im Schutz der Bäume und dadurch verlieren wir ihn bald aus den Augen.

Kaum jemand ist unterwegs und wir genießen die Stille unter den Tieren.

Zurück im Dorf entdecken wir „radio man". Aus einem Souvenirladen dringen über große Boxen karibische Klänge auf die Dorfstraße. Der Besitzer hat sich neben den mit Andenken vollen Regalen eine kleine Radiostation eingerichtet und verbreitet im Dorf die neuesten Nachrichten und „coole" Musik. Wir unterhalten uns mit ihm, er spricht sogar ein wenig Deutsch. Danach macht er uns über den Äther im Dorf bekannt – zwei Deutsche mit dicken Motorrädern auf Reise.

Seite 59: Für schlechte Straßen und schlechtes Wetter muss man gewappnet sein

Links: „radio man"
Unten: Die Station des lokalen Radiosenders in Cahuita

In der Nacht stürmt und schüttet es aus allen Wolken. Fröschequaken und Grillenzirpen dringt durch die Wände der schützenden Cabaña. Am nächsten Morgen liegt eine Dunstglocke über dem Wasser, es dampft, der Himmel ist grau und verhangen. Dies bedeutet, ein heißer Tag für die Weiterreise steht bevor. Trotz der tropischen Luftfeuchtigkeit ziehen wir die Regensachen über, denn ein Schauer folgt dem nächsten. Wir schmoren im eigenen Saft. In der nächsten Regenpause befreien wir uns von der Gummihaut, lieber werden wir bis auf die Knochen nass und lassen Bäche in die Handschuhe fließen.

In Fortuna suchen wir statt nach einem Campingplatz nach einem festen Dach über dem Kopf, um die nassen Sachen zu trocknen. Überall, wo ich mir ein Zimmer anschaue, hinterlasse ich Pfützen, doch es stört niemanden. Wir finden eine nette Cabaña mit Blick auf den Vulkan Arenal – sofern er nicht von Nebel umgeben ist. Eine Seltenheit, wie wir nach 2 Tagen des Wartens feststellen. Dann, bei strahlend blauem Himmel, liegt der 1.633 m hohe Arenal an einem Morgen unverhüllt in aller Pracht vor uns. Wir fahren mit dem Motorrad in das Nationalparkgelände und sind dem Vulkan ganz nah.

Seite 60: Die Ferne lockt

Seite 62: Mächtig erhebt sich der Vulkan Arenal mit 1.633 m in die Höhe
Seite 63: Piste zum Vulkan Arenal

Unten: Am Vulkan Arenal herrscht stets erhöhte Warnstufe

Seite 65: Der Stausee Arenal ist der größte des Landes
Seite 66: Bahia de Salinas
Seiten 67 bis 69: Sonnenuntergang bei La Cruz

Links: Ständig werden Felsbrocken aus dem Inneren des Vulkans geschleudert

Das Rumoren aus dem Inneren des Vulkans ist schon unter den Helmen zu hören, in denen man ansonsten kaum ein Geräusch wahrnimmt Auf einer Aussichtsplattform nehmen einige Neugierige, wie auch wir, mit ihren Kameras Position ein. In Abständen von ein paar Minuten werden riesige Felsbrocken aus dem Krater gespuckt, die polternd den Berg hinabrollen und lange Staubwolken hinter sich ziehen. Stunden sitzen wir hier und beobachten das Spektakel. Obwohl er als einer der aktivsten Vulkane in Costa Rica ein guter „Kandidat" für herabfließende Lava ist, enthält der Arenal uns dieses Schauspiel vor. Gegen Abend, so sagt man uns, soll sich die rote Glut gut gegen den dunklen Himmel abheben, doch als es dämmert, hüllt sich der Vulkan wieder in Nebel. Die Sicht bleibt für die nächsten Tage versperrt. Beim Packen lege ich meinen Trinkrucksack auf die Reisetasche, um ihn nicht im Zimmer zu vergessen. Nach 60 km wundere ich mich über das fehlende Gewicht auf dem Rücken. Logischerweise ist er während der Fahrt längst von der Tasche geschleudert worden und liegt in irgendeinem Graben, jemand wird sich sehr über den Fund freuen. So schwer ich mich zu Beginn unserer Reise an den Sack gewöhnen konnte, habe ich ihn in den letzten Monaten umsomehr schätzen gelernt und werde ihn nun sehr vermissen. Es war einfach praktisch, während der Fahrt die Möglichkeit zu haben, um durch den Schlauch trinken zu können. Ab nun heißt es wieder unterwegs anhalten, um warmes Wasser aus einer Flasche zu trinken, die zwischen den Spanngurten der Reisetasche verzurrt oder im Koffer verstaut ist.

Wir umfahren den Lago Arenal. Der Weg führt durch Wald und in Ufernähe entlang dem Stausee. Er ist der größte seiner Art in dem Land und versorgt nicht nur die nähere Umgebung mit Strom. Richtung Nordwesten verändert sich die Landschaft Costa Ricas völlig. Regenwald und Berge machen in der Region Guanacaste weitläufigen Weiden Platz. Viehzucht hat in dieser Gegend große Bedeutung. Es ist trocken und heiß, die Luft flimmert über dem Asphalt. Die Trockenwälder machen in dieser Jahreszeit ihrem Namen alle Ehre, und so verzichten wir auf einen Abstecher in die nordwestlichen Nationalparks. Stattdessen übernachten wir in La Cruz nahe der Grenze zu Nicaragua. In unserem Zimmer „beehrt" uns ein kleiner Skorpion. Bevor ich mich auf stachelige Auseinandersetzungen mit ihm einlasse und herausfinde, ob der Kleine zu den harmlosen oder giftigen Arten gehört, beende ich sein Leben. Dies ist vielleicht nicht die netteste Methode, um ihn mir vom Leib zu halten, aber allemal besser, als ihn am nächsten Morgen in meinen Stiefeln wiederzufinden.

Glühend versinkt die Sonne wie im Bilderbuch in der Bucht Salinas im Meer. Weiter entfernt von der Küste kann man die Umrisse der Insel Bolaños erkennen, die ein Vogelschutzgebiet beheimatet.

YUCATAN

BELIZE

HONDURAS

GUATEMALA

EL SALVADOR

NICARAGUA

COSTA
RICA

PANAMA

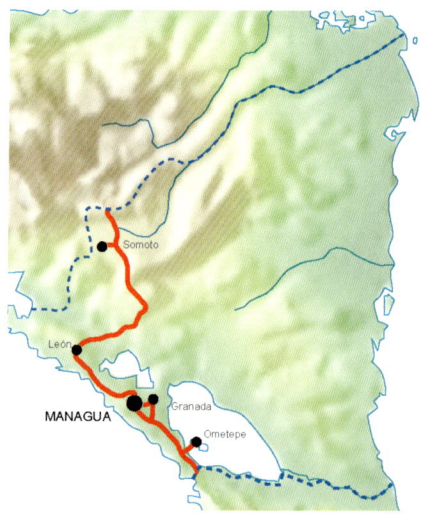

Somoto

León

MANAGUA

Granada

Ometepe

Von dem Grenzort Peñas Blancas aus führt die Route am Lago de Nicaragua entlang und bei San Jorge mit der Fähre auf die Insel Ometepe. Weiter geht es auf dem Festland bis nach Granada, von dort aus über Masaya nach Managua. Von León aus führt die Route in die Berge über Estelí zur Grenze.

Unten: Lange Warteschlangen an der Grenze zu Nicaragua

NICARAGUA
ERSCHÜTTERTE ERDE

EINE INSEL MIT ZWEI BERGEN

Schon bald nach der Grenze kommt der Nicaraguasee in Sicht, von weitem erkennt man „ eine Insel mit zwei Bergen …". Die in dem von der Augsburger Puppenkiste stammenden Kinderlied besungene Insel, die zu den Abenteuern von Lukas und Jim Knopf im Lummerland gehört, passt genau zu der weltweit größten Seeninsel Ometepe, die neben Hunderten anderer kleiner Inseln im 8.157 km² großen und damit zehntgrößten Süßwassersee der Erde liegt. Der Nicaraguasee ist der einzige Binnen-Frischwassersee weltweit, in dem Tiere aus Salzwassermeeren beheimatet sind. Bullenhaie, Sägezahnfische und andere Fische haben sich hier akklimatisiert. Ometepe selbst ist vor rund 3.000 Jahren durch einen Vulkanausbruch des Mombacho entstanden. Die beiden Berge auf der Insel bilden der 1.610 m hohe Vulkan Concepción, der noch 2005 eruptierte, und der um 300 m niedrigere Vulkan Maderas, in dessen Kegel sich eine Lagune mit 27° C warmem Wasser befindet.

Unten: Viehtreiber mit ihren Herden gehören zum Straßenbild

Mit Pünktlichkeit ist es in den Ländern Lateinamerikas ja so eine Sache. Einmal verlassen wir uns auf die gewöhnliche Verspätung, und prompt haben wir das Nachsehen. Auf dem Weg zum Fährhafen decken wir uns an einem Straßenstand mit frischem Obst ein und sind gerade mal 10 Minuten zu spät im Hafen, doch die Fähre nach Ometepe hat pünktlich abgelegt. Nun müssen wir fast vier Stunden auf die nächste Überfahrtsmöglichkeit warten. An der Hauptdurchgangsstraße des nächstgelegenen Ortes treffen wir auf ein nordamerikanisches Pärchen, das mit seinen Motorrädern unterwegs

nach Süden ist. Sie haben es nicht eilig, also verbringen wir gemeinsam die Wartezeit bei einer Limonade und tauschen viele Reiseinformationen aus. Wir sind so vertieft ins Gespräch, dass wir darüber fast die Zeit vergessen und uns beeilen müssen, rechtzeitig zum Hafen zurückzukehren. Am Anlegesteg sind wir die ersten und wollen direkt über die Rampe an Bord fahren. Sogleich werden wir gestoppt und wieder herunterbugsiert. Erst einmal will man abwarten, welche Fahrzeuge noch anrollen. Das Boot wird mit Baumaterial beladen. Dann winkt uns einer der Matrosen zu, nächster Versuch. Der Kapitän

Oben: Beeindruckend sind die beiden Vulkane auf der Insel Ometepe

Seite 73: An Straßenständen gibt es frisches Obst und Gemüse

kommt hinzu und verweist uns wieder von Bord. „Peu à peu" fahren andere Fahrzeuge auf die Fähre. Kurz bevor diese dicht zugeparkt ist, lässt der Kapitän uns endlich an Bord. Aus irgendeinem Grund ist er nicht gut auf uns zu sprechen und gibt seinen Bootsleuten die Anweisung, die Motorräder nicht anzuseilen. Heimlich verzurrt ein Arbeiter sie dann doch nach dem Ablegen und flüstert uns zu, wir sollten nichts um den Kapitän geben, er sei immer schlecht gelaunt.

Die Straßen im westlichen Teil der Insel sind befestigt, finanziert durch ein Entwicklungsprojekt. Flott kommen wir vorwärts und quartieren uns für

Oben: Gepflastert sind die Straßen im Westteil der Insel
Rechts: Rangiermanöver an Bord

Seite 75: Der Gipfel des Vulkans Concepción ist oft in Wolken gehüllt

die Nacht in der Nähe der Laguna Charco Verde ein, ein Tipp von einer deutsch sprechenden Touristenführerin, die wir auf der Fähre kennen gelernt haben. Die kleine Cabaña liegt direkt neben einem Biotop. Viele kleine Stechinsekten schwirren umher und freuen sich auf frisches Blut. Wir befestigen vorsichtshalber ein Moskitonetz über unserem Bett, denn die Netze in den Fensterrahmen sind nicht ganz dicht. Der zusätzliche Schutz wiegt mich auch in der Sicherheit, dass in der Nacht keine Käfer oder anderes krabbelndes Getier den Weg unter die Bettdecke finden. Zur Abkühlung gehen wir vor Sonnenuntergang im See baden. Ein paar

Rinder werden von einem Viehtreiber zum Trinken an die Wasserstelle geführt, jeder nutzt das erfrischende Nass für seine Zwecke. Ein Rind schaut ziemlich verdutzt, als Axel unerwartet vor ihm aus dem Wasser auftaucht. Es traut der Situation nicht und tritt vorsichtshalber den Rückzug an.

Am Morgen werden wir von dem Geschrei der Brüllaffen geweckt. Überall in den Bäumen sitzen sie, hangeln sich von Ast zu Ast und kauen genüsslich die Blätter von den Bäumen. Keine Minute halten sie still, so beschäftigt sind sie mit der Nahrungssuche. Wir genießen es, ihnen in freier Natur zuzuschauen.

Seite 77, oben: Brüllaffen beim Futtern
Seite 77, unten: Kokosnuss

Unten: An der Laguna Charco Verde

Bevor wir zurück zum Festland fahren, wollen wir auch den östlichen Teil der Insel umrunden, doch die unbefestigte Straße ist mit dem Motorrad kaum zu bewältigen. Einheimische kommen hingegen auf ihren kleinen Mopeds zügig voran, wahrscheinlich kennen sie jedes Schlagloch. Nach der Hälfte der geplanten Strecke müssen wir bei Balgüe umkehren, damit wir die letzte Fähre des Tages erreichen. Um Zeit zu sparen, wählen wir die Strecke zwischen den beiden Hafenorten Altagracia und dem Abfahrtshafen Moyogalpa im Glauben, die Hauptstraße der Insel werde gut ausgebaut sein. Ein Irrtum, wie sich bald herausstellt. Die Piste ist mit Abstand die schlechteste, die wir seit langem gefahren sind. Die Uhr immer im Blick jagen wir, so gut es eben geht, voran und kommen gerade rechtzeitig zur Abfahrtszeit im Hafen an. Die Fähre liegt noch im Hafen, doch es tut sich verdächtig wenig. Über zwei Stunden wartet der Kapitän auf mehrere Laster, um sie mit aufs Festland zu befördern. Es sind die, die wir unterwegs überholt haben. Die Überfahrt wird stürmisch, diesmal werden die Motorräder und sogar die schweren Transporter mit Seilen verzurrt.

Oben: Im Osten der Insel sind die Pisten in miserablem Zustand

Rechts: Strand bei Balgüe

LAND IM EWIGEN WIEDER-AUFBAU

Eines fällt sofort auf in Nicaragua. Die Menschen wirken durchweg lebensfroh, herzlich und offen. Dabei sind die Lebensbedingungen für viele im Land schwierig, in geologischer, politischer und sozialer Hinsicht. Drei Kontinentalplatten stoßen in diesen Breiten zusammen, 28 Vulkane verlaufen durch das Pazifikbecken, sechs von ihnen sind im 20. Jahrhundert noch aktiv gewesen. Ein schweres Erdbeben hat 1972 vor allem die Hauptstadt Managua getroffen, das Epizentrum befand sich direkt am Managuasee. Hurrican Mitch wütete 1998 mehrere Tage in ganz Nicaragua und führte zu immensen Überschwemmungen, bei denen rund 1.500 Menschen ihr Leben ließen.

Auch die Politik hat dem Land im letzten Jahrhundert stürmische Zeiten beschert. Eine seit den 1930er Jahren andauernde Gewaltherrschaft der Familie Somoza wurde 1979 durch einen Bürgerkrieg beendet, der das Land und die Menschen in Aufruhr hielt, die Frente Sandinista de Liberación Nacional (FSLN) übernahm die Regierung. Die FSLN wurde 1961 von Carlos Fonseca als linke revolutionäre Widerstandsbe-

Rechts: Instandsetzungsarbeiten

wegung gegründet, um die Somoza-Dynastie zu stürzen. Von 1985 bis 1990 führte Daniel Ortega die Regierungsgeschäfte. Wichtige soziale und demokratische Reformen wurden durchgeführt, die vor allem der armen Landbevölkerung zugute kamen, indem die Gesundheitsversorgung verbessert und die Analphabetisierung reduziert werden konnte. Während die FSLN vor allem von linken europäischen Organisationen in ihren entwicklungspolitischen und ideologischen Aufgaben unterstützt wurde, wurde sie von den USA und internationalen Organisationen politischem Druck ausgesetzt, ein 1979 ausgerufener

Wirtschaftsboykott richtete die Wirtschaft auf Dauer zugrunde. Die von den USA unterstützten Contras, gegenrevolutionäre Gruppen, führten gegen die FSLN einen Jahre dauernden Bürgerkrieg, der fast 60.000 Menschen das Leben kostete. Vor allem die Zivilbevölkerung litt unter den grausamen Auseinandersetzungen. Der Zusammenbruch der Landwirtschaft und damit verbunden der ansteigende Hunger in der Bevölkerung sowie bewaffnete Überfälle führten dazu, dass das Ansehen der Sandinisten sank. 1990 verlor die FSLN die Wahlen, nach 2000 konnten sandinistische Politiker wieder Erfolge verzeichnen, 2006 wurde Daniel Ortega erneut zum Präsidenten gewählt. Was die rund 60 % der unter extremer Armut leidenden Bevölkerung nun von ihm zu erwarten hat, ist offen. Die unter jahrzehntelanger Korruption und Misswirtschaft leidenden Menschen kommen mir wie „Stehaufmännchen" vor. Immer wieder trotzen sie den widrigen Lebensumständen und fangen von vorne an. Wenn man aufmerksam durch das Land reist, zeigt sich einem überall die schwierige Situation, in der die Menschen leben, in den ländlichen Regionen, aber auch in den Städten wie Granada, wo wir als nächstes Halt machen.

Seite 80, links und rechts: Denkmäler für die Freiheitskämpfer

Links: Straßenverkäuferin in Granada

Granada gehört mit etwa 111.000 Einwohnern zu den größten und ältesten Städten Nicaraguas. Sie wurde 1524 von Hernández de Córdoba gegründet. Briten, Franzosen und Spanier stritten sich um die Stadt und immer wieder wurde sie im Kampf um die Vorherrschaft geplündert und wie zuletzt 1856 niedergebrannt. Erhalten geblieben ist der bis heute anziehende Charme kolonialer Architektur. Doch die Zeit der Conquistadores und später der weltlichen und kirchlichen Einflussnehmer ist nicht für alle positiv behaftet, wenige haben davon profitiert. In den Nebenstraßen nahe der altehrwürdigen

Bauten und Kirchen leben Menschen in anderen Verhältnissen, viele in kleinen Holzhütten ohne Wasseranschluss oder elektrischen Strom, die Müllhalde im Graben vor ihrer Haustür. Es gibt immer verschiedene Sichtweisen auf eine Stadt. Der flüchtig Durchreisende nimmt meist nur touristische Höhepunkte wahr oder negative Umstände, die seine Reisepläne ungünstig beeinflussen oder seinen Maßstäben nicht entsprechen. Doch es lohnt, sich zurückzulehnen und das Alltagsleben um sich herum auf sich wirken zu lassen.

Oben: Häuser im Kolonialstil in den Straßen Granadas

Seite 83: Wohnverhältnisse abseits der Hauptstraßen in Granada

Wir kommen in einer kleinen preiswerten Herberge in der Nähe des Marktes unter. 7 US-Dollar zahlen wir umgerechnet für ein Zimmer mit Bad und Ventilator, das an einem mit blühenden Bäumen beschatteten patio liegt. Die Geräusche des quirligen Treibens auf der Straße dringen nicht durch die dicken Hausmauern. Die Lebensmittelvorräte können wir im Kühlschrank unserer Gastwirte unterbringen und in einer kleinen Kochnische im Innenhof das Essen zubereiten. Im Bad gibt es nur fließend kaltes Wasser, doch bei den Temperaturen ist das eine angenehme Erfrischung. Die Motorräder parken gleich vor dem Zimmer. Wir lernen John kennen, der gerade mit seiner 650er KLR eintrifft. Mit wachem Auge entdeckt Axel an seiner Maschine, dass die hinteren Bremsbeläge falsch eingebaut sind und keine Bremswirkung haben können. Das sei ihm noch gar nicht aufgefallen, bemerkt John. Er will uns keine Umstände machen, deswegen winkt er erst einmal ab, als Axel sie ihm richten will. Es müsse ihm passiert sein, als er Managua verließ. Er habe einen Platten gehabt, gerade als er aus der Stadt heraus fuhr. Am Straßenrand habe er in der Dämmerung angehalten und den Reifen geflickt. Gerade als er seine Sachen zusammenpackte, hielt ein

Rechts: Schattiger Parkplatz

Seite 85: Nick und Jill aus Großbritannien reisen gemeinsam auf einem Motorrad

Auto mit mehreren jungen Leuten an, die ihm Hilfe anboten. Im gleichen Moment zückten sie ein Messer und nahmen ihm die Jacke ab. Als sie auch den Inhalt seines Topcase sehen wollten, machte er ihnen weis, dass er zum Öffnen des Koffers den Motor starten müsse und fuhr davon. Zu seinem Glück folgten sie ihm nicht. So schlechte Erfahrungen haben wir bislang nicht gemacht. Man begegnet uns mit den Motorrädern meist hilfsbereit und freundlich. Nach einem gemeinsamen Abendessen kommt John doch zu der Überzeugung, dass eine funktionierende Hinterradbremse für die Weiterfahrt sinnvoll wäre. Im Schein einer Stirnlampe bauen Axel und er mit dem richtigen Werkzeug die Bremsbeläge im Nu richtig ein.

In der Herberge treffen wir am nächsten Tag Nick und Jill wieder, die wir in Panama kennengelernt hatten. Wir feiern frohes Wiedersehen bei einem guten Essen. Spät kommen wir in die Pension zurück. Wie mit der Wirtin verabredet, klopfen wir an die große hölzerne Eingangstür. Der Hausgehilfe schließt schlaftrunken die Tür auf. Ein schlechtes Gewissen macht sich breit, als ich sehe, dass der Mann scheinbar nachts auf einer dünnen Decke im Eingangsbereich der Pension schläft. Für ihn ist die Nacht kurz und der Arbeitstag beginnt am frühen Morgen, lange bevor wir aufstehen. Wie er uns später erzählt, fährt er alle paar Wochen für ein paar Tage zu seiner Familie nach Ometepe, die restliche Zeit arbeitet er hier, um Geld für seine Familie zu verdienen.

Während sich Nick und Jill Richtung Honduras auf den Weg machen, bleiben wir noch etwas länger in der Gegend. Unserem gesunden Menschenverstand folgend und mit den schlechten Erfahrungen anderer Reisender im Kopf entscheiden wir uns, ohne Gepäck auf einem Motorrad einen Tagesausflug nach Managua zu machen. An diesem Sonntag bekommen wir einen ruhigen Eindruck von der

Stadt, auf den Straßen ist wenig los. Allerdings fahren wir mit wachen Augen durch die Stadt und meiden bestimmte Viertel. An einer roten Ampel kommt ein Straßenverkäufer auf uns zu und fragt, wie teuer unser Motorrad sei. Was können wir darauf antworten, ohne ihn zu schockieren? Aus seiner Sicht wird dieses Motorrad einen unvorstellbaren Wert haben, wir geraten in Erklärungsnot und überlegen einen Preis, der für nicaraguanische Verhältnisse realistisch sein könnte. Wir sind froh, als die Ampel auf grün umspringt und er nicht weiter nachfragt.

Das sogenannte Zentrum ist nicht als solches zu erkennen, denn es gibt keine Einkaufsstraßen oder Geschäftszeilen, wie man sie aus anderen Großstädten kennt. Das Erdbeben 1972 hat fast alles zerstört. Mittelpunkt und Erinnerung an die Naturkatastrophe ist die Ruine der alten Kathedrale in der Nähe des Managuasees, dem damaligen Epizentrum. Kontrastreich erstrahlt dagegen mit bunter und moderner Fassade der neue Präsidentenpalast nebenan. Ein paar Strandbars am Ufer des Managuasees und ein Autoscooter sind vage Anzeichen von Freizeitanlagen in der Stadt. Unweit davon

suchen Menschen in einer wilden Müllkippe nach Verwertbarem. Ein paar Straßenblocks weiter südlich sind ein Einkaufszentrum und die neue Kathedrale in eigenwilliger Architektur entstanden, Zeichen eines Neubeginns.

Auf einem Hügel im Tiscapapark erhebt sich eine hohe schwarze Silhouette des Generals Augusto Sandino. Er war Anfang des 20. Jahrhunderts der erste lateinamerikanische Guerillaführer, der gegen den Einfluss der USA auf diesem Kontinent kämpfte. Nachdem die US-Truppen 1933 aus Nicaragua abgezogen waren, legte Sandino die Waffen nieder. Zu dieser Zeit trat Juan

Oben: Modern gebaut ist die neue Kathedrale Managuas
Links: Die alte Kathedrale in Managua wurde durch ein Erdbeben schwer beschädigt.

Seite 87, links: Die Silhouette des Freiheitskämpfers Sandino überragt die Stadt Managua
Seite 87, rechts: Der neue Präsidentenpalast in Managua

Bautista Sacasa das Präsidentenamt an. Ein Jahr später wurde Sandino während eines Gesprächs im Regierungspalast vom Oberbefehlshaber der Nationalgarde Anastasio Somoza García gefangen genommen und ermordet. Andere politische Gefangene wurden in einem unterhalb des ehemaligen Regierungspalastes gelegenen Gefängnis gefoltert und im Tiscapa-Teich ertränkt. Doch Sandino schaffte es zu Lebzeiten und nach seinem Tod, ein politisches Bewusstsein in der breiten, meist bäuerlich geprägten und in feudalistischen Strukturen lebenden nicaraguanischen Bevölkerung zu wecken, ein bestimmender Teil

ihrer Nation zu sein und für ihre Rechte zu streiten. Um die Worte des Priesters Ernesto Cardenal zu gebrauchen: „Sandino begraben hieß, ein Samenkorn in die Erde zu legen".

Auf dem Rückweg fahren wir in den Nationalpark Masaya. Der Parkplatz befindet sich ganz in der Nähe des Kraters Santiago, der 1852 zwischen den Kratern Masaya und Nindiri neu entstanden ist. Man muss mit dem Hinterrad zum Vulkankegel parken, um im Ernstfall ohne Wendemanöver die Flucht nach vorne ergreifen zu können. Außerdem warnt ein Schild, dass man sich bei akuter Gefahr unter sein Fahrzeug legen solle, falls Brocken aus

Links und unten: Der Krater Santiago im Masaya Nationalpark ist sehr aktiv

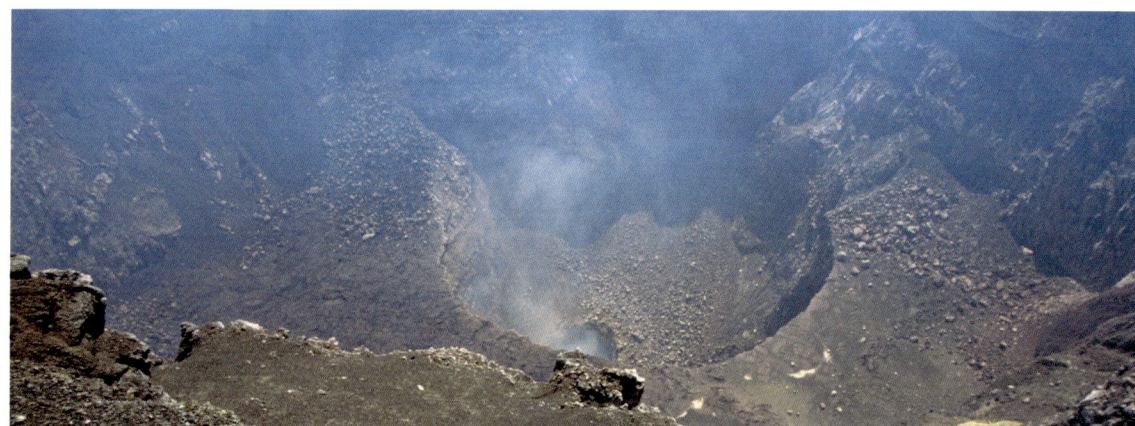

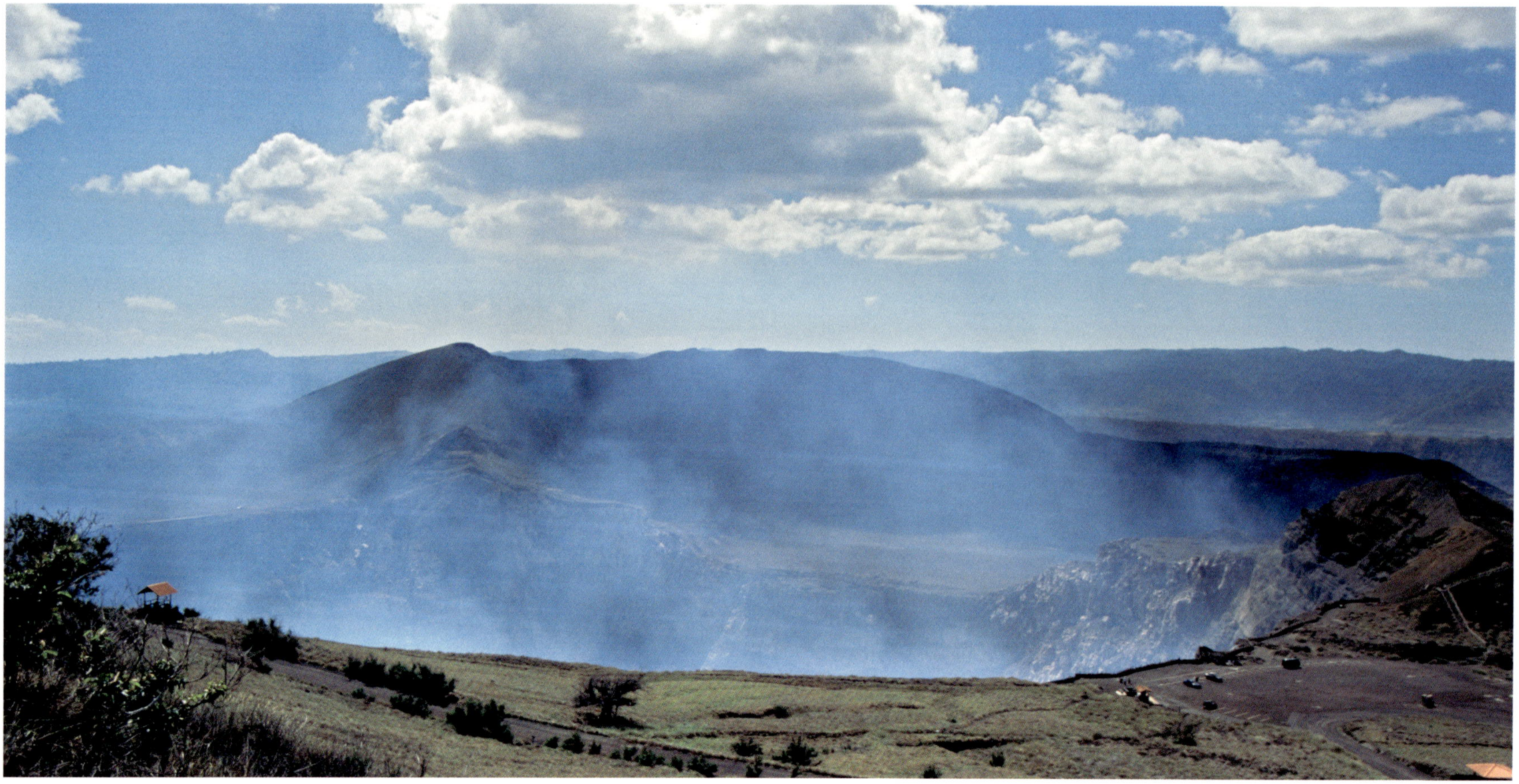

dem Erdinneren geschleudert werden. Zu zweit unter einem Motorrad – das könnte eng werden … Der Krater Santiago ist ziemlich aktiv, brach mehrmals in den 1990er Jahren und zuletzt 2001 aus. Deutsche Forscher führen gerade Messungen im Kraterinneren durch, steigen mutig hinab, um Proben zu nehmen. Es grummelt kräftig in seinem Inneren, und stinkende Schwefelgase werden ausgestoßen, bis zu 3.000 t täglich. Man sollte nicht länger als eine Viertelstunde an der Klippe stehen, die Dämpfe sind extrem giftig und rauben einem schier den Atem. Die ersten Spanier gruben hier sogar nach Gold. Im 16. Jahrhundert errichtete Pater Francisco de Bobadilla auf einem nahe gelegenen Hügel ein Kreuz, um den Teufel abzuwehren, im Glauben, der Krater sei das Tor zur Hölle. In präkolumbischer Zeit opferten Indigene Jungfrauen und Tiere, um die Wut der Götter zu besänftigen. Keine der Vorgehensweisen half, die Eruptionen zu stoppen.

Folgt man der Straße zurück zum Parkausgang, kann man erahnen, welch gewaltige Zerstörungskraft die Lavamassen haben, wenn sie als Feuerwalze den Hang hinunterfließen. Zuletzt eruptierte der Krater Masaya 1772, die Lava zerstörte das Gebiet weitläufig. An einer Stelle hat sich ein dicker Brocken aus Lava gestaut, der heute als imposanter „brennender Fels" mitten in der Landschaft steht. Der dritte schon lange erloschene Krater Nindiri ist bewaldet. Nach den dramatischen Veränderungen durch die Vulkanausbrüche hat sich im Park eine typische Flora und Fauna angesiedelt. Während der Trockenzeit ist die ganze Landschaft mit Tausenden blühender Pflanzen übersät, darunter Orchideen und die Nationalblüte „Sacuanjoche". Nachtaktive Tiere wie Coyoten und Opossums leben hier ebenso wie Affen, Leguane und Hirsche.

Zurück in Granada gönnen wir unseren Motorradsachen eine gründliche Wäsche. Im patio können wir in einem großen steinernen Becken mit Seife und mehreren Eimern Wasser den Staub und Sand der letzten Wochen Fahrt durch Hitze und Regen herausreiben, braune Brühe fließt über den Ausguss eine Rinne entlang, die am Ende des Innenhofes in einen unterirdischen Kanal führt. Die Prozedur müssen wir mehrmals wiederholen, um die Sachen einigermaßen sauber zu bekommen. Zu zweit wringen wir die schweren Jacken und Hosen aus und hängen sie in der Sonne zum Trocknen auf. Das Waschen nach alter Manier erinnert an die mühevolle Arbeit, die Frauen vor der Erfindung elektrischer Geräte verrichteten beziehungsweise heute noch mangels Strom oder Geld leisten müssen.

Links: Auf Lavaasche gedeiht neue Vegetation

Als wir von Granada aus aufbrechen, springt die Transalp wieder nicht an. Langsam muss ich mir Gedanken über die Batterie machen. Wir überbrücken die Stromquelle und fahren Richtung León. Die Landschaft verändert sich, wird trockener. Rund die Hälfte der Bevölkerung lebt auf dem Land, vor allem hier in der Pazifikregion, die in der Trockenzeit ausgedörrt ist. Die Bauern haben es schwer, ihre Felder zu bestellen. Oft fehlt ihnen Geld, um Brunnen oder Bewässerungsanlagen zu bauen und die Äcker zu bewässern, notwendige Voraussetzung, um die Ernten zu sichern. Sie können kaum sich selbst und ihre Familien von der Landwirtschaft ernähren, geschweige denn etwas dazuverdienen.

Immer wieder brennt es am Wegesrand. Schon eine achtlos weggeworfene Zigarettenkippe kann das trockene Gras an der Straße entzünden, ein Feuer breitet sich schnell unkontrolliert aus. Die Straße ist in schlechtem Zustand. Asphaltierte Abschnitte sind durch tiefe Löcher unterbrochen, die nicht nur schweren LKWs zu schaffen machen. Hier und da stehen Frauen oder Männer mit einer Schippe in der Hand und füllen die Löcher mit Sand aus dem Straßengraben auf. Sie sind nicht etwa Arbeiter eines Straßenbaubetriebes, sondern sie versuchen, sich mit dieser Arbeit ein paar Córdoba zu verdienen. Bei jedem vorüberfahrenden LKW oder Wagen halten sie die Hand auf, manchmal wirft ihnen einer aus dem Fenster ein paar Münzen zu.

Seite 91, links: Monumentale Kirchenbauten findet man in León
Seite 91, rechts oben und unten: Die Basilica de l'Asunción wird von steinernen Löwen bewacht

Links: Häufig brennen Felder am Straßenrand
Unten: Viele Staaten unterstützen entwicklungspolitische Projekte in Nicaragua

LÖWEN UND LÖCHER

Santiago de los Caballeros de León ist mit knapp 160.000 Einwohnern die zweitgrößte Stadt Nicaraguas. Das alte León wurde 1524 gegründet, durch einen Ausbruch des Vulkans Momotombo 1609 zerstört und 30 Kilometer weiter wieder aufgebaut. Im Wechsel mit Granada war León im 19. Jahrhundert Hauptstadt des Landes, bis 1858 endgültig Managua diese Funktion übernahm. León galt immer schon als intellektuelle Metropole, hier war auch das politische Zentrum des Widerstands gegen das Somoza-Regime.

Die größte Kathedrale Mittelamerikas, die Basilica de l'Asunción, wurde 1747 errichtet, insgesamt baute man 137 Jahre an ihr. Die Eingänge der Kathedrale werden von imposanten steinernen Löwen bewacht, die, wie man sagt, nach Mitternacht lebendig werden. Extrem dicke Mauern haben den Bau bislang vor Einstürzen bewahrt. Wir fahren quer durch den Ort auf der Suche nach einer Unterkunft. Angebote gibt es einige, vom teuren Hotel bis zum billigen Gemeinschaftszimmer, doch keine eignet sich so richtig für unsere „Gefährten". Ein Mann spricht uns an, er könne uns zu der Pension eines Bekannten bringen. Warum nicht? Wir folgen seinem Auto durch den Ort und finden die perfekte Herberge. Versteckt in einer ruhigen Seitenstraße öffnet sich ein großes Tor, dahinter schließt sich ein geräumiger Hof mit einem überdachten Parkplatz an. Die Zimmer sind klein, aber gemütlich, und sie haben sogar eine Klimaanlage. Im Seitenanbau befindet sich eine große Küche, in der wir uns selbst versorgen können, die Lebensmittel stellen wir mal wieder beim Eigentümer im Kühlschrank kalt. Es passt alles zusammen, wir fühlen uns pudelwohl.

Der Hof ist ideal, um die Motorräder zu warten. Endlich kümmere ich mich um die Batterie. Sie hat kaum noch Flüssigkeit, kein Wunder also, dass die Maschine schlecht anspringt. Destilliertes Wasser ist allerdings nicht leicht zu bekommen. An einer Tankstelle schüttelt man den Kopf, ich solle es mal in einem Gemischtwarenladen probieren. Am anderen Ende der Stadt werden wir endlich fündig, neben Sofas, Autoreifen und Fernsehgeräten verkauft man dort auch destilliertes Wasser. Die Flüssigkeit füllen wir behelfsmäßig mit einem Stück Ersatzschlauch vom Kettenöler in die kleinen Kammeröffnungen der Batterie – nun hat die Batterie nichts mehr zu murren.

In einem kleinen Dorf nordöstlich von León machen blubbernde Schlammlöcher von sich reden. Eine Kette von acht Vulkanen zieht

sich durch die Landschaft. Die Adern des Vulkans Telíca verlaufen unterirdisch nach San Jacinto und machen sich durch Erdlöcher Luft. In den „heißen Quellen", die Zeichen für geringe vulkanische Aktivität sind, vermischen sich Grundwasser beziehungsweise nach oben steigender überhitzter Wasserdampf mit Ton, Erde und Vulkanasche zu einem Schlamm. Je nach den Bestandteilen der Erde färben sie sich in verschiedenen Rot- und Brauntönen. Die zähflüssige Masse blubbert bei über 100° C wie in einem Kochtopf.

Nah an diesen Schlammlöchern leben die Einheimischen in einfachen Häusern. Die blubbernden Adern sind eine kleine Touristenattraktion, daher gibt es ein Kassenhäuschen, allerdings ist das Eintrittsgeld mehr ein symbolischer Betrag. Bei unserer Ankunft mit dem Motorrad scharen sich die Kinder des Dorfes um uns herum, alle bieten sich an, uns über das Feld zu führen und sich ein Taschengeld zu verdienen. Es ist durchaus sinnvoll, einen Einheimischen bei dem Spaziergang mitzunehmen, sie kennen die Wege, auf denen die Erde nicht so heiß ist, dass die Schuhsohlen aufweichen. Wir können nicht alle Kinder mitnehmen, mein Blick fällt auf ein Mädchen, das schüchtern etwas abseits steht. Sie nickt freudig, als ich sie frage, ob sie uns begleitet, und wir ziehen los. Sie führt uns

Seite 92: Der Batterie kommt notwendige Pflege zu

Rechts: Blubbernde Schlammlöcher bei San Jacinto

Seite 94: Der Schlamm erreicht eine Temperatur von über 100° C
Seite 95: Unsere Begleiterin zeigt uns die Vulkanadern in San Jacinto

an die schönsten Stellen. Stolz trägt sie die ganze Zeit Axels Helm mit sich herum, und zum Schluss setzen wir sie auf das Motorrad, sie lacht glücklich und grinst zu den größeren Jungs hinüber, die in der Nähe herumstehen. Ihre Belohnung habe ich ihr vor dem Ausgang gegeben, weil sie befürchtet, dass die Älteren ihr diese streitig machen. In ihrer Hütte reinigt sie das Visier von Axels Helm und versteckt bei der Gelegenheit das Geld. Ein paar Frauen aus dem Dorf verkaufen am Eingang erdfarbene Steine, in die Tierformen geritzt sind. Einen davon befestige ich als Glücksbringer an meinem Motorrad.

Wir lassen die Vulkankette hinter uns, unsere nächste Etappe führt durch unspektakuläre Landschaft. Die Hitze macht uns zu schaffen. Wir fahren den ganzen Tag, essen kaum etwas, und ich habe das Gefühl zu verdursten. Wir machen Halt, entkräftet rette ich mich in einen Straßengraben, der den einzigen schattigen Platz weit und breit bietet. Statt noch am gleichen Tag die Grenze zu überqueren, übernachten wir in dem kleinen Ort Somoto. Hier in den Bergen ist das Klima angenehmer, über Nacht kühlt sich die Luft auf 22° C ab. Wir können den Wirt überreden, am nächsten Morgen Tee, Toast und Marmelade zum Frühstück zu servieren statt der hier üblichen Portion Reis mit Bohnen. Einigermaßen gestärkt nehmen wir die Grenze nach Honduras in Angriff.

Oben und links: Wie an einer Kette aufgereiht liegen die Vulkane nördlich von León aneinander

Seite 97: Hütte bei La Trinidad

Seite 98: Ungewöhnliche Fahrperspektive
Seite 99: Rast an einem schattigen Plätzchen

Die Hauptstadt Tegucigalpa ist der erste Stopp in Honduras. Von dort führt die Straße in die Montañas de Comayagua bis nach Yoro. Die Strecke verläuft weiter nordwestlich bis an die Küste nach Omoa. Zurück über San Pedro Sula geht es nach Copán Ruinas.

Seite 101: Übliche Grenzformalitäten

HONDURAS
GROSSE UNBEKANNTE

LICHT UND SCHATTEN

Grenzübergänge sind immer wieder eine Geschichte wert. Um nach Honduras einreisen zu können, bezahlen wir ein hohes Eintrittsgeld. Mit rund 50 US-Dollar pro Motorrad, Stempel- und Helfergebühren sind wir dabei. Bislang habe ich an den Grenzen auf die Unterstützung von freiwilligen Helfern verzichtet, die einen von Schalter zu Schalter lotsen und sich damit etwas Geld verdienen. Durch den direkten Kontakt mit „Amtsträgern" an einer Grenze sammelt man oft wertvolle Erfahrungen oder wichtige Hinweise für das spätere Zusammentreffen mit der Polizei oder Soldaten im Land. Tatsächlich aber ist die Zollabfertigung an diesem Grenzübergang ohne „helfende Hand" fast nicht zu bewerkstelligen. Die Zöllnerin macht mir klar, dass ich jemanden bezahlen muss, der mich in die richtigen Büros führt, um Stempel und Unterschriften auf die entsprechenden Formulare zu bekommen. Zunächst nimmt sie mir die Gebühren in US-Dollar ab, sie hat kein Wechselgeld, doch will sich noch welches besorgen. Dann stellt sie mir eine Frau vor, die für uns die Formalitäten erledigen soll. Von Nick und Jill, die ein paar Tage vor uns am gleichen Grenzübergang eingereist sind, weiß ich per E-Mail, was sie für eine derartige Leistung bezahlt haben. Die Frau nennt mir den dreifachen Preis. Wir verhandeln und einigen uns auf die Hälfte. Sie steckt das Geld für die Gebühren und unsere Dokumente in eine Plastiktüte und geht los. Ich bin etwas misstrauisch und begleite sie. Jenseits des Zollgebäudes führt ein matschiger Trampelpfad

zu einer Holzhütte, die nicht danach aussieht, als verberge sich ein Büro darin. Der Raum wird von einem großen Schreibtisch nahezu ausgefüllt, es ist aber niemand hier, der uns weiterhelfen könnte. Im nächsten Raum fertigt die Frau Kopien von unseren Dokumenten an. Ich bezahle mit ein paar US-Cent, die noch aus Panama in meinem Geldbeutel sind. Ein weiteres Büro ist nicht besetzt, ebenso wenig wie der Bankschalter, an dem man die Gebühren einzahlen soll. Mein ratloser Blick wird von ihr durch ein verständnisvolles Nicken erwidert. Sie würde alles regeln, auch mit der Bank, wir könnten jetzt fahren. Außer Kopien haben wir weder einen Stempel noch eine Unterschrift erhalten, und doch ist die Einreise plötzlich möglich? Zurück am Zollschalter sprechen die beiden Frauen miteinander, daraufhin händigt die Erste mir die Importpapiere mit der Einreiseerlaubnis aus. Was gibt es noch zu sagen? Ich erinnere die Frau hinter dem Schalter an mein Wechselgeld, das sie nur ungern und in der heimischen Währung Lempira zu einem schlechten Kurs herausgibt. Während dieser langen Prozedur ist Axel damit beschäftigt, einen Jungen loszuwerden, der beharrlich um unsere Motorräder herumstreicht

Unten: Über weite Strecken sind die Berghänge im Süden Honduras abgeholzt

und versucht, eine der aufgeschnallten Taschen aufzumachen. Er lässt sich auch nicht mit lauter Stimme abwimmeln. Axel zieht sein Taschenmesser heraus und klappt die Klinge auf. Das Argument scheint den Jungen zu beeindrucken und er zieht davon. Umherstehende Polizisten sehen sich die Situation kommentarlos an, weder haben sie den Jungen daran gehindert, sich an den Taschen zu vergreifen, noch Axel wegen des gezückten Messers angesprochen. Eigeninitiative scheint in Honduras das beste Mittel zur Verteidigung zu sein.

Mit Honduras verbinden wir wenig. Natürlich haben wir von den bekannten Tauchgebieten im Norden auf den Islas de la Bahía im zweitgrößten Korallenriff der Welt und der Mayastätte Copán im Westen an der Grenze zu Guatemala, die die Touristen anziehen, gehört. Honduras zählt aber auch wie Nicaragua zu den ärmsten Ländern Zentralamerikas, mehr als 60 % der Menschen leben in Armut, über 100.000 Kinder zwischen 5 und 13 Jahren müssen arbeiten. Wir wurden vor den „maras" gewarnt, gewalttätige Jugendbanden, die vor allem in den großen Städten agieren. Für die Jugendlichen ist die Zugehörigkeit zu einer „mara" eine Frage der Ehre, stellt eine gesellschaftliche Provokation dar. Die meisten kriminellen Aktionen, mit denen die Jugendlichen den Tag verbringen, dienen der Drogenbeschaffung, die häufig mit Gewalt verbunden sind. Oft bekriegen sich die einzelnen Gruppen untereinander. Wie in anderen Ländern beruhen die Ursprünge der „maras" auf fehlender sozialer und wirtschaftlicher Integration und einer Perspektivlosigkeit aus Sicht der Jugendlichen, die von der Gesellschaft nicht aufgefangen wird. Mit gemischten Gefühlen sehen wir der Weiterfahrt entgegen, sind gespannt, was uns in diesem Land erwartet.

Der Slogan „Kümmere Dich um die Wälder", der auf jedem nationalen Nummernschild steht, lässt den (späten) Versuch erkennen, dass man den Raubbau an der Natur wieder gut machen will: Dieser Aufruf müsste nur von den Verantwortlichen ernst genommen oder eingehalten werden. In Honduras sind in vielen Regionen die Sünden der vergangenen Jahrzehnte deutlich zu erkennen: Weite Landstriche sind gerodet, Bergrücken kahl geschlagen. Dafür gibt es verschiedene Ursachen. Zum einen spielt die Gewinnung von Brennholz durch die lokale Bevölkerung eine Rolle, zum anderen wurden und werden große Waldgebiete legal und illegal sowohl für Viehweiden wie auch für Bananen-, Zuckerrohr- und Ölpalmplantagen abgeholzt. Mit diesen Produkten soll die Exportwirtschaft vorangebracht werden. Überschwemmungen und Bodenerosion, aber auch das Austrocknen der Böden und mangelnde Wasserspeicherkapazität haben für die Bevölkerung gravierende Folgen. Im Osten, wo das Land am wenigsten besiedelt ist, befinden sich noch größere zusammenhängende Wälder. Einige Gebiete sind in Nationalparks und Naturreservaten geschützt, seit einigen Jahren setzen sich verstärkt engagierte Organisationen für den Erhalt der Wälder ein, deren Bestand erheblich bedroht ist.

Von Süden kommend führen alle Wege durch die Hauptstadt Tegucigalpa, deren Name aus der Indigenensprache Nahuatl übersetzt „Silberfelsen" bedeutet. Wir stürzen uns mit den Motorrädern hinein in das Gewühl der eine Million Einwohner zählenden Metropole. Der Verkehr wird aggressiver und rücksichtsloser, höchste Konzentration ist gefordert, auch wegen des schlechten Straßenbelags. Jeder fährt seine eigene Spur, immer mit hohem Tempo hinein in den Gegenverkehr und sich gegenseitig links und rechts überholend. Schließlich landen wir auf einem autobahnähnlichen Zubringer mit getrennten Spuren in beide Fahrtrichtungen. Mangels Ausschilderung wählen wir nur zufällig die richtige Abfahrt ins Zentrum. Mitten im Berufsverkehr folgen wir dem unaufhaltsamen Strom von Autos und Bussen. Die Orientierung fällt schwer. Auf einer Avenida blockieren Autos aus allen Richtungen die Kreuzung. Wir nutzen den Stau, um uns an den Straßennamen zu orientieren und im Stadtplan eine Hoteladresse zu suchen. Langsam löst sich das Knäuel auf, wir biegen zufällig in die richtige Straße ab und parken die Motorräder vor einem Hotel. Ich gehe hinein, um mich nach einem Zimmer zu erkundigen. Plötzlich kommt Axel aufgeregt herein, ein Bus habe gerade mein Motorrad gerammt, in letzter Sekunde hätten Passanten es aufgefangen. Der Busfahrer hat es nicht einmal gemerkt oder ignoriert und ist weitergefahren. Um die Motorräder nicht länger als nötig auf der Straße zu belassen, nehme ich das Zimmer ungesehen. Wichtiger ist es, die Mopeds auf die sichere, überdachte Parkfläche des Hotels zu schieben. Da der Parkplatz Tag und Nacht für jeden zugänglich ist, schleppen wir schweißgebadet das gesamte Gepäck mit ins Zimmer in den dritten Stock.

Da ich der Frau an der Rezeption keine Informationen entlocken kann, machen wir uns selbst auf die Suche nach einer Post, einem Supermarkt, einer Bank. Während in der Altstadt kleine Geschäfte neben Discountläden existieren, Häuser mit bröckelnder Fassade eng aneinander gereiht sind und auffallend viele obdachlose Menschen ihren Tag auf der Straße verbringen, wird in einem anderen Stadtteil jenseits des Flusses Chiquito das Straßenbild von grell leuchtenden Reklametafeln bekannter internationaler Firmen und Einkaufszentren geprägt. Luxuriöse Hotels und großzügig angelegte Wohnhäuser sind von grünem Rasen und hohen Mauern umgeben, alles streng bewacht.

Am Postschalter erhalten wir für das Paket nach Deutschland etwa 60 große Briefmarken, die alle aufgeklebt werden müssen. Das Paket ist gerade groß genug, dass die Seite mit der

Anschrift noch lesbar bleibt, alle anderen Stellen sind mit bunten Marken zugeklebt, die einzeln abgestempelt werden. Ich bin gespannt, ob das Paket in Deutschland ankommt. Auf der Straße spricht uns ein Mann an, der sich Geld damit verdient, Autos in Parklücken einzuweisen. Er stellt sich als Alfredo vor und fragt uns auf Englisch, wo wir herkommen. Als er hört, dass wir Deutsche sind, will er wissen, ob wir aus München oder Hamburg stammen. Ihn interessiert, ob es dort ein Meer gäbe und Pinguine. Wir erzählen ihm ein bisschen über Deutschland, und zum Schluss möchte er wissen, ob uns sein

Land gefällt. Wir nicken unbestimmt mit dem Kopf, können die Frage ehrlich nicht beantworten. Zu wenig haben wir vom Land gesehen, nur im Vergleich zu Nicaragua fällt auf, dass viele Menschen eher zurückhaltend oder unnahbar, gleichgültig oder resigniert wirken.

Unten: Plaza La Merced in Tegucigalpa

WASSER UND BROT

Am nächsten Tag verlassen wir Tegucigalpa. In der Garage treffen wir Franz, der mit seinem Wagen vor den Motorrädern parkt. Sein Vater habe in Hamburg studiert und ihn nach einem ehemaligen deutschen Fußballnationalspieler benannt, ein auffälliger Vorname in Honduras! Er zählt uns in wenigen Minuten alles Sehenswerte im Land auf und warnt vor den Strecken, die wir fahren wollen: sehr gefährlich und nicht passierbar, schlecht seien die Straßenzustände. Wir lassen uns überraschen. Am Stadtrand tanken wir noch einmal. Um die Preisauszeichnung für die Gallone Benzin einfacher zu gestalten, hat der Tankwart einen Zettel an die Zapfsäule geklebt: „paga doble – zahle doppelt". Wie einfach das sein kann. Über Land führt eine Straße weiter durchs zentrale Hochland, gerodete Wälder hier, vereinzelte aufgeforstete Flächen dort, Viehweiden und Landwirtschaft prägen das Bild. Bis El Porvenir ist die Straße asphaltiert. In einem kleinen Dorf findet die Fahrt fast ein Ende. Vor uns bremst ein Laster plötzlich ab, er hat mit dem Dach der Fahrerkabine eine quer über die Straße gespannte Stromleitung heruntergerissen, deren Ende uns entgegenschleudert, gerade noch können wir

uns ducken. Aufgeregt kommt eine Frau aus einem Haus gelaufen, bei ihr dürfte der Strom unterbrochen sein! Wild gestikulierend redet sie auf den Fahrer ein, wer weiß, wann sie wieder ans Stromnetz angebunden werden wird. Zwischen dem Laster und der gegenüberliegenden Straßenseite manövrieren wir die Motorräder durch, die Geschichte hier könnte sich noch länger hinziehen und wir wollen weiter.

Nach dem Ort endet der Asphalt, aber die Piste ist die beste, die wir seit langem gefahren sind. Ich weiß nicht, warum Franz aus dem Hotel vor dieser Strecke gewarnt hat. Wer weiß,

Seite 106 und 107: Durch die Dörfer und über Piste geht es Richtung Norden

Unten, links: Zapfsäule mit einfacher Preisgestaltung
Unten: Wunderschön zu fahrende Piste bei Marale

wann er das letzte Mal hier entlanggefahren ist. Über hellen harten Sand lassen wir die Motorräder laufen, passieren kleine Dörfer, Einwohner winken uns zu. Hier auf dem Land sind die Menschen entspannter und offener. Für die Nacht suchen wir ein Quartier in Yoro, der Hauptstadt des gleichnamigen Departamentos. Laut einem Reiseführer soll es ein florierendes kleines Städtchen sein. Unser Eindruck ist etwas nüchterner. Zumindest an diesem Nachmittag wirkt der Ort wie ausgestorben, alle Läden haben geschlossen, kaum jemand ist auf der Straße. Die Plaza mit den bunt blühenden Pflanzen ist einer der wenigen Farbtupfer in der Stadt. Die Straßen sind staubig, viele Häuser wirken verfallen. Einige Männer haben sich in einen Alkoholrausch geflüchtet. Zufällig entdecken wir ein neu gebautes Hotel mit Parkplatz, der nachts bewacht wird. Das Zimmer hat sogar eine Klimaanlage, ist komfortabel eingerichtet und bezahlbar. Einige Kinder kommen angelaufen, schauen sich die Motorräder an und ich unterhalte mich mit ihnen. Als wir alles abgeladen haben und ins Hotel gehen, kommt die obligatorische Frage nach Geld. Wie schön wäre es gewesen, wenn diese einmal ausgeblieben wäre.

Seite 109: Hauptverkehrsstraße in Yoro

Unten, links: Plaza in Yoro
Unten: Eigenwilliges Stromversorgungsnetz

An einem Kiosk decken wir uns mit Getränken und Keksen fürs Abendessen ein. Das Haltbarkeitsdatum der Kekse läuft in zwei Tagen ab, sie scheinen ein Ladenhüter gewesen zu sein. Sehr karg ist auch das Frühstück am nächsten Morgen. Kaffee bzw. heißes Wasser und eine Scheibe Toast mit einem kleinen Stück Butter – Teebeutel stehen nicht auf der Speisekarte.

An der zweitgrößten Stadt und dem Handelszentrum des Landes San Pedro Sula vorbei fahren wir in einem Rutsch nach Norden zur Karibikküste. Nachdem wir eine Mautstelle passiert haben, kann ich plötzlich nicht mehr richtig Gas geben. Der Griff dreht sich locker auf dem Lenker. Auf dem Parkplatz einer Fastfood-Kette halten wir an, um den Schaden zu beheben. Argwöhnisch werden wir von einem bewaffneten Wachmann beobachtet. Um kein Aufsehen zu erregen, genehmigen wir uns zunächst in dem kühlen Bistro einen Snack. Der Wächter scheint das Interesse an uns zu verlieren. Dann holen wir in der prallen Sonne das Werkzeug heraus, ziehen den Griff ab und kleben ihn mit Sekundenkleber wieder fest. Es kann weitergehen.

Wenig später heftet sich ein Polizeiauto an unsere Fersen. Ich bin mir nicht sicher, wie schnell man auf dieser Strecke fahren darf und drossele die Geschwindigkeit. Erst bleiben die Polizisten hinter uns, dann überholen sie und stoppen uns. Sie wollen alle Dokumente sehen. Auf die Frage, warum sie ausgerechnet uns anhalten, bekomme ich zur Antwort, wir seien so langsam gefahren. Ein interessanter Grund, erwidere ich, stets würden nur wir als ausländische Motorradfahrer angehalten.

Um das Gegenteil zu beweisen, stoppen sie einen gerade vorbeikommenden Mofafahrer, der arme Kerl weiß gar nicht, wie ihm geschieht. Damit die Kontrolle auch uns etwas Spaß bereitet, sagt Axel, sein Vater sei Botschafter, wir würden ihre Namen aufschreiben und das Innenministerium kontaktieren. Wieder hilft dieser Trick, es ist erstaunlich, wie groß die Angst bei den Uniformierten ist, von ihrer Dienststelle Ärger zu bekommen. Nachdem ich ein Blatt Papier und einen Stift zücke, bekommen wir die Papiere zurück und einer sagt, sie seien um unser Wohl besorgt und wollten uns Geleitschutz geben. Wir verzichten dankend darauf.

Puerto Cortés ist eine bedeutende, aber wenig schöne Hafenstadt, die wir rechts liegen lassen, stattdessen fahren wir bis Omoa weiter. In Strandnähe richten wir uns auf einem Campingplatz mit Cabañas ein. Des Strandes wegen kommen jedes Wochenende einheimische Ausflügler aus San Pedro Sula hierhin, jeden Sonntag hinterlassen sie eine Menge Abfall und Fäkalien am Strand. Eine Deutsche, die ein kleines Strandrestaurant betreibt, erzählt, dass die Honduraner wenig Umweltbewusstsein besäßen. Die Dorfbewohner könnten es sich aber auch nicht leisten, den Strand verunreinigt zu lassen, sonst hätten sie gleich vor ihrer eigenen Haustür eine riesige Müllkippe, die

Seite 110: Manche Straße ist nur eingeschränkt zu befahren

es sowieso schon überall zur genüge gibt, und die Urlauber würden ausbleiben. Eine Zwickmühle, in der sie sich befinden, denn schließlich sind sie auf den Tourismus angewiesen.

Axel verdirbt sich kräftig den Magen und verbringt den ganzen nächsten Tag in der Hängematte – und im Bad. Ich besichtige derweil die Hauptattraktion des Ortes, Fortaleza de San Fernando. Die Spanier erbauten Mitte des 18. Jahrhunderts dieses Fort, um die Küste und die Schiffstransporte vor britischen Piraten zu schützen. Hier sammelte man die Silber- und Golderze aus den Minen bei Comayagua, um sie als Tribut nach Spanien zu verschiffen. 1779 wurde die von dicken Mauern umgebene Festung dann doch von den Engländern eingenommen. Später diente sie als Gefängnis. In einem kleinen Museum ist die Geschichte des Forts anschaulich dargestellt. Die Anlage mit ihrem dreieckigen Innenhof ist ein beeindruckender Bau, von den Schützenhäuschen und dem begehbaren Mauersims aus hat man einen guten Überblick über die Umgebung.

Rechts: Deutsch-Honduranische Zusammenarbeit

Seite 112: Schützenhäuschen im Fortaleza de San Fernando in Omoa

Rechts: Kanonenrohre zeugen von der Verteidigungsstärke des Forts
Unten: Eigenwillige Bauweise des Fortaleza San Fernando

GÖTTER UND ZEICHEN

Am nächsten Tag kann Axel schon wieder feste Nahrung zu sich nehmen und kommt zu Kräften. Einer Weiterreise steht nichts im Weg. Erneut fahren wir durch San Pedro Sula, diesmal mitten durch die Stadt, um in den Westen Honduras zu gelangen. Obwohl die Straßen schnurgerade verlaufen, fällt die Orientierung ohne Stadtplan und ohne Beschilderung schwer. Wir richten uns grob nach Süden, doch Baustellen zwingen uns zu Umwegen. Wir sind froh, irgendwie aus dem Großstadtchaos herauszufinden und wieder auf eine Landstraße zu stoßen. Honduras´ Abfallproblem ist überall sichtbar. Achtlos wird der Müll in den Straßengraben geworfen, kaum eine Fläche ohne Abfall. Nicht nur der Umwelt, auch der eigenen Gesundheit schaden die Menschen damit, doch wenigen ist das bewusst. Erst als wir uns dem Ort San José de Copán nähern, lässt der Schmutz im Straßengraben nach. Im Ort selbst wird auf Recycling und Sauberkeit großer Wert gelegt. In vielen Geschäften kann man zum Beispiel seine Plastikflaschen mit Frischwasser auffüllen lassen. Die Männer müssen mit einem Bußgeld rechnen, wenn sie ins Gebüsch oder an den Straßenrand urinieren.

Eine enge Steinbrücke führt in den Ort hinein. Ich bremse kurz ab, um ein Auto passieren zu lassen, als mir jemand von rechts auf die Schulter klopft. Vor Schreck kippe ich beinahe vom Moped: Nick strahlt mich an – was für eine Überraschung! Wir dachten, er und Jill seien noch auf den Islas de Bahía, wo sie Vera und Peter wieder sehen wollten, mit denen sie eine Zeit lang zusammen gereist sind. Es war zu stürmisch zum Tauchen und so sind sie wieder zurück aufs Festland gefahren. In ihrer Herberge ist noch ein Zimmer für uns frei. Die preiswerteste Unterkunft im Dorf hält für die Motorräder

Seite 115: Beschwerlich ist der Transport von Brennholz

Links: Tiertransport
Unten: In Copán

einen sicheren Hofplatz bereit, dazu lädt ein Schatten spendender Baum in einem begrünten Innenhof zum Sitzen ein.

Der Ort ist herausgeputzt und auf Tourismus eingestellt. Groß ist die Auswahl an Restaurants und Cafés. Die Straßen sind gepflastert, eine schöne Plaza bildet den Mittelpunkt des Ortes. Da Nick und Jill morgen bereits weiterreisen, nutzen wir den Abend, um die Ereignisse der letzten Wochen auszutauschen. Die beiden werden nach El Salvador fahren, während wir von Copán aus nach Guatemala weiterreisen. Sie warnen uns vor der Gegend rund um den Attitlánsee, von anderen Reisenden haben sie gehört, dass es dort in den letzten Tagen vermehrt Überfälle auf Touristen gegeben habe. Die Polizei sei darin verstrickt und würde den Betroffenen kaum Hilfe leisten. Wir lassen es auf uns zukommen.

Viele Archäologen haben sich mit der Mayakultur, ihrer Weltanschauung und Lebensweise, ihren Kenntnissen in Mathematik und Schrift oder mit ihren architektonischen Meisterleistungen beschäftigt. Copán ist eine der am besten erhaltenen und größten Stätten im ehemaligen Reich der Maya, das sich über eine

Seite 117: Zentraler Platz mit Tempeln in der Ruinenstätte Copán

Seiten 118 und 119: Auf Stelen wurden wichtige Ereignisse im Leben eines Herrschers beschrieben
Seite 120, obere Reihe: Opferaltar, Altarfigur, Figur auf der Hieroglyphentreppe
Seite 120, mittlere Reihe: Detail Hieroglyphentreppe, Wohnviertel Ruinen, Detail am Ballspielplatz
Seite 120, untere Reihe: Hieroglyphentreppe, Mauerfigur, Ausschnitt Altar Q

Unten, links: Stop!
Unten: Im Dorfladen decken wir uns mit Vorräten ein

Gesamtfläche von etwa 324.000 km² vom westlichen Honduras und El Salvador über Guatemala und Belize bis in den Süden und Osten Mexikos erstreckte. Heute leben in dem gleichen Gebiet noch rund 6 Millionen Menschen, die zu den direkten Nachfahren der Maya zählen. In der Hochzeit, dem sogenannten Goldenen Zeitalter, existierten rund 70 Stadtstaaten. Zu den damaligen „Regierungszentren" gehörte neben Tikal in Guatemala sowie Uxmal und Palenque in Mexiko eben auch Copán. 1980 erklärte die UNESCO die Ruinen von Copán zum Weltkulturerbe.

Die Stätte gehört zu den künstlerisch betrachtet fortschrittlichsten Orten. Wie heißt es so schön in einer Broschüre über diese Ruinen: „Wenn Tikal wie New York war, dann war Copán wie Paris". Copán galt mit über 3.000 Gebäuden als Großstadt. Das Zentrum war wahrscheinlich Priestern und Herrschern vorbehalten, hier wurden Zeremonien abgehalten, während der Großteil der Menschen im weiteren Umland lebte. Die soziale Ordnung der Maya war klar strukturiert. Die Götter standen über allen. Danach folgten die Herrscher, denen die Krieger untergeben waren. Große Bedeutung kam in der Rangfolge den Handwerkern und Bauern zu, gefolgt von den Händlern.

Der „Große Platz" ist mit herausragenden Werken bestückt. Auf dem offenen Gelände, wo Tausende Menschen Platz fanden, befinden sich noch Stele, Altäre und ein Tempel. Auf Stelen werden wichtige Szenen aus dem Leben eines Herrschers dargestellt, dessen Antlitz auf der Vorderseite abgebildet ist. Dazu zählen Geburt, Inthronisierung, bedeutende Kämpfe und Kriege oder dessen Tod. Von diesen hieroglyphischen Zeichen sind einige hundert identifiziert. Sie sind in „Paaren" geschrieben und werden von links nach rechts und von unten nach oben gelesen. Die Maya konnten mit ihren Zeichen jeden Gedanken beschreiben, der sie bewegte. Auf den dazugehörigen Altären wurden Opfer für die jeweiligen dargestellten Herrscher und für die Götter dargebracht.

An den „Großen Platz" schließt sich ein Ballspielplatz an, der in jeder Mayastätte zu finden ist. Das Ballspiel hatte weniger sportive Motive als vielmehr rituelle Bedeutung. Gefäßmalereien und Aufzeichnungen kann man den ungefähren Spielablauf entnehmen, der in verschiedenen Regionen in jeweils anderen Varianten gespielt wurde. Ein schwerer Kautschukball wurde von den Spielern auf einem in zwei Spielhälften geteilten Feld mit Knie, Schulter, Ellbogen und Hüfte in der Luft gehalten. Der Ball sollte den Boden nicht berühren. Er galt als Metapher für die göttlichen Zwillinge, die im „Buch des Rates", dem „Popol Vuh", beschrieben werden. Die beiden wurden einst von den Herren der Unterwelt zu sich gelockt und mussten viele Prüfungen bestehen, bis hin zu einem finalen Kampf im Ballspiel, das sie gewannen. Als Sonne und Mond stiegen sie danach in den Himmel empor. Die Bewegung des Balles beschreibt ihre „Reise des Überlebens" in der Unterwelt und den Konflikt zwischen Gut und Böse. Durch steinerne Ringe, die an den Seitenwänden eines Ballspielplatzes im Mauerwerk angebracht sind, sollte der Ball hindurch befördert werden. Mit Hilfe von Markierungssteinen an der Längsseite des Spielfeldes konnten die Treffer gekennzeichnet werden. In Kriegszeiten wurde nach Feldzügen angeblich auch um Menschenleben gespielt, so konnten die Herrscher einer besiegten Volksgruppe durch einen Spielsieg ihre Freiheit wiedererlangen oder wurden bei einer Niederlage direkt getötet.

Hinter dem Ballspielplatz befindet sich ein Tempel mit der berühmten steinernen Hieroglyphentreppe, die aus mehr als 1.250 mit Zeichen versehenen Steinblöcken besteht und wahrscheinlich den längsten zusammenhängenden Text der Welt darstellt. Zunächst glaubte man, dass die Hieroglyphentreppe Prophezeiungen der Priester über zukünftige Ereignisse darstellte, die sich aufgrund astronomischer Beobachtungen ergaben. Doch mittlerweile interpretiert man die Schriften als historische Erzählungen, in denen wichtige Daten und Ereignisse früherer Herrscher festgehalten sind. Inmitten der Treppe sitzen fünf Steinfiguren, die Herrscher darstellen. Weitere Tempel, Plätze, eine Akropolis und ein großer, noch nicht erschlossener, Wohnbereich befinden sich im hinteren Teil der Anlage. Das Gelände ist mit Tunneln untergraben, die eine Länge von rund drei Kilometern einnehmen. Diese enthalten vielfältige Wandbemalungen und geben Einblicke in die damalige Lebenswelt.

Die filigrane Kunst, die sich auf den Stelen, den Altären und an den Fassaden zeigt, begeistert uns. Reste einst leuchtender Farben sind zu erkennen und die Zeichen sind zum Teil tief in den Stein gemeißelt. Sie haben sich über Jahrhunderte hin erhalten, mittlerweile setzt ihnen allerdings die Luftverschmutzung zu. In Copán, wie in anderen Stätten alter Hochkulturen, fragt man sich unweigerlich, wie die Stätte verfallen konnte. Vielleicht haben Klimaveränderungen dazu beigetragen, die zu Dürren und Überschwemmungen geführt haben könnten. Krankheiten sind vielleicht eine Ursache für eine erhöhte Sterblichkeitsrate gewesen. Vielleicht war auch ein zu starkes Wachstum der Bevölkerung ein Grund, warum die Menschen Copán verließen, weil die Felderträge die Menschen nicht mehr ausreichend ernähren konnten. Niemand wird diese Frage je endgültig beantworten können.

Von der Grenze geht es mit einem Umweg nach Chiquimula und durch die Regionen Zacapa, El Progreso und Jalapa bis in dessen Regionalstadt. Über Jutiapa führt die Straße zum Lago Amatitlán nach Antigua. Vorbei am Atitlánsee verläuft die Route nach Chichicastenango und weiter in das Hochland über Cobán mit einem Abstecher nach Lanquin. Nördlich von Cobán führt die Straße durch die Sierra de Chamá in die Region Petén, um den See Petén Itzá bis nach Tikal. Von dort gelangt man östlich zur Grenze nach Belize bis zur Karibikküste, die bei Belmopan südlich nach Hopkins verläuft und nordöstlich nach Belize Stadt. Durch Orange Walk hindurch gelangt man zur Grenze nach Mexiko. Über Chetumal geht es bei Felipe Carillo Puerto westlich nach Santa Elena, über Uxmal bis nach Mérida. An Chichén Itzá vorbei führt die Route nach Valladolid, mit einem Abstecher nach Ek Balam. Südöstlich folgt man der Strecke nach Tulum und dann entlang der Karibikküste über Playa del Carmen und Puerto Morelos bis nach Cancún.

GUATEMALA – BELIZE – YUCATÁN
WELT DER MAYA

ROTE GLUT

Über kleine Landstraßen durch den Süden wollen wir weiträumig Guatemala Stadt umfahren. Leider ist nach wenigen Kilometern die Straße gesperrt, Bauarbeiter haben einen dicken Baumstamm quer über die Fahrbahn gelegt. Das könnte dauern, signalisieren uns die anderen Autofahrer, aber was heißt das? Ich laufe zu den Bauarbeitern hinüber, die gerade Siesta halten. „Bis zehn vor eins" sagt einer. Ich bin verblüfft über diese ungewohnt präzise Angabe. Unterwegs haben wir uns an unverbindliche Zeitbestimmungen ja gewöhnt, daher mag ich seinen Worten jetzt nicht recht glauben. Wenn wir realistischerweise noch 1 Stunde dazu rechnen, wäre das eine ziemlich lange Wartezeit. Die Baustelle besteht offensichtlich schon länger, sie asphaltieren die Landstraße durch die Berge neu. Der Müllberg im Straßengraben zeugt davon, dass hier nicht erst seit gestern gearbeitet wird. Knapp an meiner Nase vorbei fliegt

eine leere Plastikflasche aus einem Autofenster und gesellt sich zu den anderen in den Graben. Die Leute aus der Gegend sind geschäftstüchtig. Eine Frau hat einen Stand direkt neben dem Abfallhaufen eingerichtet, um die Wartenden mit Getränken zu versorgen. Andere kommen aus dem nächstgelegenen Dorf mit auf ihren Köpfen balancierenden Körben voll frisch Geba-

ckenem die Straße hoch gelaufen und verkaufen ihre Waren an die Autofahrer.

Auf der Straßenkarte suche ich eine Alternativstrecke, wir wenden die Motorräder und fahren an der langen Autoschlange vorbei zurück zur Abbiegung. Ich bereue meine Entscheidung schnell, denn nun befinden wir uns auf der Transitstrecke von Süd nach Nord.

Stinkende, lärmende LKWs und Busse jagen die Straße entlang, gefährlich für Motorradfahrer. Kurz vor einer großen Kreuzung, die auf die Hauptverbindung zwischen Guatemala Stadt im Westen und Puerto Barrios im Osten trifft, stehen wir wieder im Stau. An den wartenden Autos vorbei können wir uns zwar bis nach vorne mogeln, dann geht es auch für uns nicht weiter. Die Straße ist wegen eines Unfalls gesperrt. Krankenwagen, Feuerwehr und Polizei sind schon im Einsatz. Ein Fernsehteam dreht die Geschehnisse. Der Kameramann kommt auf uns zu und meint, wir könnten uns am Seitenstreifen vorbeischlängeln, doch dort steht ein Polizeiwagen im Weg, an dem wir mit den bepackten Mopeds nicht vorbeikommen. Wir wollen auch die Hilfskräfte nicht behindern. Unerwartet gibt die Polizei nach kurzer Zeit eine Fahrbahn frei und wir beeilen uns, wieder aufzusteigen und uns in die Schlange einzureihen, die sich sofort ungeduldig in Bewegung setzt.

Mit der Routenänderung haben wir nichts gewonnen. Der Verkehr wird immer dichter, 60 Kilometer vor der Hauptstadt biegen wir wieder Richtung Süden ab in die Berge. Was für ein Fahrvergnügen! Wir lassen die Motorräder durch hügelige Landschaft rollen und genießen die Strecke. In einer Kleinstadt wird eine zweispurige Avenida plötzlich ohne Vorankündigung zu einer Einbahnstraße – entgegen unserer Fahrtrichtung, was wir aber erst nach mehreren Häuserblocks merken. Gerade noch können wir in die nächste Seitenstraße abbiegen und folgen dem Verkehr in die richtige Richtung. Am Abend suchen wir uns in der nächsten Regionalhauptstadt Jutiapa ein Zimmer. Ich handle einen Zimmerpreis aus, wir laden das Gepäck ab, doch als ich bezahlen will, verdoppelt sich der Preis. Nach eingehender Diskussion einigen wir uns

irgendwo in der Mitte. Beim Frühstück entsteht am nächsten Morgen die gleiche Diskussion. Ich erinnere sie daran, dass wir gestern einen anderen Preis vereinbart haben und ein Handschlag gelten sollte. Wir lernen, um alles zu feilschen, selbst um Preise im Internetcafé.

Gegen Mittag erreichen wir den Amatitlánsee, ein Naherholungsgebiet für die Hauptstädter. Auf einer Höhe von rund 1.200 m gelegen und von Wäldern umgeben, macht er einen ganz idyllischen Eindruck, doch der Schein trügt. In den See werden die Abwässer der Hauptstadt und der umliegenden Orte eingeleitet,

biologisch ist er schon „umgekippt". Schwimmen oder Wassersport ist nicht zu empfehlen. Durch die regelmäßigen Sedimenteinträge hat sich seine ursprüngliche Tiefe bereits deutlich reduziert und wird wahrscheinlich in einigen Jahren zugeschüttet sein. Das sind keine guten Aussichten.

Durch die Hügellandschaft folgen wir der Straße bis ins Panchoytal nach Antigua und blicken erstaunt auf, als uns mehrere große BMW Motorräder mit guatemaltekischem Kennzeichen entgegen kommen. Eine Seltenheit in diesen Breitengraden, zuletzt haben wir solche

Maschinen in Ecuador gesehen. Ähnlich wie dort auch sind es gut situierte Einheimische, die sich die dicken Maschinen leisten können. Die alte Hauptstadt Guatemalas scheint beliebtes Ausflugsziel und Motorradtreff zu sein.

Das herausgeputzte koloniale Städtchen wurde 1979 von der UNESCO zum Kulturerbe der Menschheit erklärt. Umsäumt wird Antigua von den Vulkanen Agua, Fuego und Acatenango. Im Zentrum sind die Straßen mit Kopfsteinen gepflastert und etwas ausgefahren. Dementsprechend langsam bewegen die Autos sich vorwärts, während wir mit den Enduros flott an ihnen vorbeiziehen. Zufällig entdecke ich unweit der Plaza hinter einem offenen Holztor einen patio mit breiter Einfahrt, wie gemacht zum sicheren Unterstellen unserer Motorräder. Der Hotelname ist gerade an die Fassade gepinselt, die Farbe ist noch nass. Ich halte an und schaue mich um. Darryl eröffnet heute und wir sind seine ersten Gäste. Der Nordamerikaner und seine guatemaltekische Frau Carmen heißen uns herzlich willkommen. Er ist selbst Motorradfahrer und begeistert, dass wir bei ihm einkehren. Auch seine beiden Hunde, verspielte Welpen, begrüßen uns freudig und lassen nicht mehr von

Links: In Antigua blüht es überall

uns ab. Die alte Villa ist gut in Stand gesetzt, in einer voll ausgestatteten Küche können sich die Gäste selbst versorgen, ein Innenhof mit Wiese und eine weitläufige Dachterrasse machen das Haus mitten in der Stadt zu einer Oase.

Das normale guatemaltekische Alltagsleben finden wir in Antigua allerdings kaum, in der Stadt dreht sich alles um den Tourismus. Mit Dutzenden von Sprachschulen und Privatlehrern ist Antigua eine der ersten Anlaufstationen für Scharen von Ausländern. Restaurants, Kneipen und Läden spiegeln die halbe Welt wider. Einen irischen Pub findet man ebenso wie ein Wiener Café und natürlich den guten Italiener um die Ecke. Neben asiatischen Restaurants haben sich nordamerikanische Fast Food Ketten breit gemacht, immerhin versteckt hinter den kolonialen Fassaden und ohne aufdringliche Leuchtreklame.

Wesentlich auffälliger prägen die über 50 Kirchen, Klöster und Kapellen bzw. deren Ruinen das Stadtbild. Seitdem die Spanier den Ort 1543 gegründet hatten, ließ sich auch der Klerus hier nieder. Sie wetteiferten mit den „weltlich" Herrschenden um Einfluss und Macht. Korruption, Intrigen und Kämpfe um Geld und Besitz breiteten sich aus, bis 1773 ein

Seite 128: La Merced, eine der prunkvollen Kirchen in Antigua

Unten: Kathedrale von Antigua bei Nacht
Ganz unten und rechts: Straße mit Bogen Santa Catalina
bei Tag und bei Nacht

Erdbeben die Stadt weitgehend zerstörte. Die Hauptstadt wurde an andere Stelle verlegt, mit dem Erdbeben das Ende der klerikalen Macht eingeläutet. Viele Bauwerke sind als Ruinen erhalten geblieben. Die katholische Kirche hat ihren Einfluss über die Jahrhunderte hinweg auf die indigene Bevölkerung ausgeübt und viele von ihnen mischen beide Glaubensrichtungen im Alltag miteinander. Zweifelsohne hat sich die katholische Kirche gerade in den letzten Jahrzehnten sozialpolitisch engagiert und tritt auch gegen den Willen mancher Regierung für gerechtere Lebensbedingungen der Indígenas ein. Zunehmend üben evangelikale Gruppen Einfluss auf die guatemaltekische Bevölkerung aus. Die konservativen Sekten stammen meist aus den USA und verschaffen sich lautstark in ihren Gottesdiensten Gehör. Diesen Veranstaltungen kann man sich kaum entziehen, denn sie sind im ganzen Stadtviertel zu hören. An einem Morgen werden wir in „aller Herrgottsfrühe" von lauter Musik aus dem Schlaf gerissen. Der Musik folgt ein langer Monolog einer Frau, die sich zunehmend in Rage redet. Es klingt so nah als stünde sie in unserem Zimmer. Der Lärm schallt mit Hilfe einer Verstärkeranlage über die Dächer mehrerer Wohnblocks bis zu uns ins Zimmer. Spricht man Einheimische darauf an, bekommt man meist ein Achselzucken zur Antwort, sie haben sich daran gewöhnt oder resigniert und trauen sich nicht, etwas dagegen zu unternehmen.

Die Vorbereitungen für die Semana Santa, die Karwoche, sind in vollem Gange. An den dieser Woche vorhergehenden Sonntagen finden ganztägige Prozessionen durch die Stadt statt. Hunderte von Menschen laufen mit den Brudergemeinschaften mit. Die Heiligen-Statuen werden auf Holzgestellen von Dutzenden Trägern in lilafarbenen Büßergewändern schaukelnden Schrittes durch die Straßen getragen. Für jeden dürfte das eine ziemliche körperliche Strapaze sein, wiegt so ein „anda" doch rund

3,5 t. An Karfreitag schließlich werden in Antigua die Straßen mit Blumenteppichen geschmückt, über die die Prozessionszüge mit den Pilgern hinwegschreiten. Ein Spektakel für die einen, das höchste Fest des Jahres für die Gläubigen.

Seite 131: Prozession während der Karwoche

Unten: Opferaltar Nim Po´t

Viele Vulkane mit ihren unterschiedlichen Erscheinungsformen haben uns seit Beginn der Reisen in Chile in den Bann gezogen, und noch immer treibt uns der Gedanke an, Lava zu sehen. In Antigua schließen wir uns einer Wandergruppe an, um den noch aktiven Pacaya zu besteigen. Mit einem Kleinbus werden wir in das etwa 1 Stunde entfernte Dorf San Francisco de Sales zum Eingang des Nationalparks gefahren. Auf eine Höhe von 2.552 m müssen wir hinauf, was nicht so anstrengend wäre, würde mich nicht ein schlimmer Husten plagen. Schon als wir die ersten hundert Meter auf dem steilen Weg hoch laufen, bleibt mir die Luft weg. Nicht die besten Voraussetzungen für die nächsten 2 Stunden Wanderung, die noch bevor stehen. Ein paar Dorfbewohner begleiten uns mit gesattelten Pferden und rufen unaufhörlich: „Taxi – más cómodo!", „Taxi, viel bequemer!" Wohl wissend, dass manch Wanderer den Anstieg durch den Wald schlecht bewältigt. Auch für mich ist dieses Angebot verlockend. Sie sehen, wie ich schwächele und huste, nach Luft schnappe, mich zurückfallen lasse. Ich will durchhalten, doch ihre Rufe demoralisieren mich. Schließlich verhandele ich mit einem von Ihnen und kann den Weg auf seinem Pferd fort-

Seite 132: Besteigung des Vulkans Pacaya

Rechts: Rauchender Vulkankugel

setzen. Was für eine Erholung für meine Lunge. Doch leider hält die Entspannung nicht lange an, denn wenige hundert Meter weiter befindet sich ein Gatter, dahinter ist das Gelände mit Vulkanasche bedeckt, Endstation für die Pferde. Die Freude auf dem Gesicht des Pferdehalters ist verständlich, für die kurze Strecke hat er ein gutes Geschäft gemacht; es sei ihm gegönnt.

Nun geht es auch für mich zu Fuß weiter, der steilste Anstieg kommt erst noch. Wir erklimmen einen Grat, die Temperatur fällt und der Wind pfeift uns um die Ohren. Dicke Jacken und Stirnband sind jetzt gefragt. Manche sind nur mit kurzer Hose, T-Shirt und Sandalen losgelaufen, sie kommen aus dem Zittern nicht mehr heraus. Schwefeldämpfe umhüllen uns, das Atmen fällt schwer. Rund 40 % Steigung auf loser Lavaasche, unweigerlich läuft man einen Schritt vor und rutscht zwei wieder zurück. Wenigstens haben wir mit den Wanderschuhen einigermaßen Halt. Die Gruppe wird langsamer, jedem geht hier oben die Luft aus. Das Stirnband halte ich mir jetzt vor die Nase, um die Schwefeldämpfe zu filtern, ein unerträglich beißender Geruch. Unterhalb des Kraterrandes sehen wir plötzlich eine rotglühende frische Lavaspur, die keine 50 Meter von uns entfernt den Abhang hinunterfließt. Ich bin fasziniert und magisch davon angezogen. Überall um uns herum hat sich erkaltete Lava zu wulstigen Hügel aufeinander geschichtet, Gestein leuchtet in schillernden Farben. Dampf steigt aus Löchern auf, die Erde ist heiß, man spürt unter seinen Füßen, wie der Vulkan im Inneren brodelt. Die Strapazen des Aufstiegs sind vergessen. Was für ein Gefühl, dieser Naturgewalt so nahe zu sein! Doch es bleibt kaum Zeit, den Moment zu verinnerlichen, der Tourleiter wird unruhig und treibt zur Eile an. Er befürchtet, dass wir nicht rechtzeitig bei Tageslicht wieder nach unten gelangen. Niemand von uns hat Taschenlampen dabei. Außerdem erklärt er, dass es zu gefähr-

lich sei, die wenigen Meter bis zum Kraterrand hinaufzugehen und in die Tiefe zu blicken, erst 2 Wochen zuvor habe der Vulkan mächtige Brocken ausgespuckt. Wir müssen umkehren. Der Abstieg geht schneller als gedacht, ein ganzes Stück können wir in dem losen Geröll hinabrutschen. Gerade noch rechtzeitig schaffen wir es zurück ins Dorf, bevor die Dunkelheit über uns hereinbricht.

BUNTE STOFFE

Mal wieder tippt uns jemand mit dem Finger auf die Schulter, Nick und Jill stehen vor uns, diesmal in Antigua in einem Internetcafé! Nick ist ziemlich aufgewühlt, in Guatemala Stadt haben sie in einer Vertragswerkstatt das Motorrad inspizieren lassen und eine „bockende Kuh" zurückbekommen. Eigentlich wollen wir morgen abreisen, doch Axel hilft Nick den ganzen nächsten Tag, um das Motorrad wieder in Gang zu bringen. Das kommt mir nicht ungelegen, denn irgendwie gibt es in dieser Stadt jeden Tag Neues zu entdecken. Gemeinsam schlendern Jill und ich über die Artesanias, die Handwerkermärkte, wir können den farbenprächtigen Sachen kaum widerstehen. Masken und große handgeschnitzte Holzfiguren, Stoffe, traditionelle Bekleidung und vieles mehr verführen einen zum Kauf. Maya aus ganz Guatemala bieten hier ihre traditionell hergestellten Waren an. Ich kann mich nur deshalb zurückhalten, weil Axel und ich noch nach Chichicastenango reisen werden, zu einem der größten und bekanntesten Märkte Guatemalas, und die Verstaumöglichkeiten in unseren Koffern mehr als begrenzt sind.

Rechts: Bunte Stoffe prägen das Bild von Guatemala

Auf dem Weg zum Atitlánsee liegt etwas versteckt nahe dem Ort Tecpán die alte Hauptstadt der Cakchiqueles, die im Hochland Guatemalas mit anderen Volksgruppen der Maya wie den Quiché und den Tzutuhiles lebten. Sie ließen sich nach Streitigkeiten 1470 in der Gegend um Tecpán nieder und gründeten Iximché. Von der Mayastätte sind nur noch wenige Ruinen übrig geblieben, obwohl die farbigen Gebäude einmal eng gedrängt aneinander gestanden haben müssen. Für den Besucher vermitteln anschaulich aufbereitete Tafeln die Geschichte dieses Ortes. Es ist die jüngste Festung im Hochland

Guatemalas. Die Spanier gelangten auf ihren Eroberungszügen 1524 hierher und wurden von den Cakchiqueles freundlich empfangen. Gemeinsam kämpften sie gegen andere verfeindete Mayagruppen. Als es zwischen ihnen jedoch zunehmend zu Auseinandersetzungen um Tributforderungen kam, brannten die Spanier kurzerhand die Stadt nieder.

Wir streifen den landschaftlich traumhaft gelegenen Atitlánsee, der von mehreren Vulkankegeln und kleinen Dörfern umgeben ist. Doch leider hüllt er sich komplett in Nebel, wir können seine Schönheit nur erahnen. Auch

Seite 134: Vulkan Pacaya im Licht der untergehenden Sonne

von einem der Dörfer aus beträgt die Fernsicht gleich Null. Da Panajachel von Touristen und Andenkenläden überfüllt ist, setzen wir unseren Weg gleich fort Richtung Chichicastenango. Die Straßen sind in gutem Zustand, sehr kurvenreich und stark befahren. Ausrangierte nordamerikanische Schulbusse, die in Guatemala für den regionalen Busverkehr eingesetzt werden, müssen getunt sein. Sie erreichen auch bergauf eine Geschwindigkeit von 100 km/h und überholen uns am liebsten im uneinsehbaren Scheitelpunkt einer Kurve. Da hilft nur scharfes Bremsen, in der Hoffnung, dass sie nicht vor uns mit dem Gegenverkehr zusammenprallen. Ich bin froh, dass ich nicht im Bus sitze. Die LKW-Fahrer verhalten sich ähnlich rücksichtslos. Ein kurzes Signal mit der Lichthupe, dann halten sie auf der Gegenspur auf uns zu.

Wir sind froh, als wir Chichicastenango unversehrt erreichen. Etwas entfernt von der Plaza finden wir eine geeignete Unterkunft mit großem Garten und abgeschlossenem Hof für die Motorräder. Mein Husten wird wieder schlimmer. In der Apotheke kaufe ich Hustensaft, verschiedene Flaschen stehen zur Auswahl. Ich kann mich schlecht entscheiden, welches

Unten: Zweimal in der Woche ist in Chichicastenango Markt

der richtige sein könnte, der junge Mann hinter der Theke kann mir weder die unterschiedlichen Inhaltsstoffe noch die Nebenwirkungen erklären. Auf einer Flasche lese ich den Bestandteil Clenbuterol, Axel erinnert sich, dass der Stoff in Europa als illegales Mittel zur Kälbermast eingesetzt wurde. Nicht, dass ich Vergleiche ziehen will, aber ich entscheide mich für eine andere Flasche. In der Nacht finde ich trotz des Medikaments keine Ruhe. Es ist kalt und regnerisch, ich friere unter der dicken Wolldecke, wir setzen die Gasheizung im Zimmer in Gang.

Zweimal in der Woche verwandelt sich das verschlafene Dorf im Hochland Guatemalas zu einem großen Marktplatz. Morgens früh, wenn der Nebel sich langsam lichtet, kommen die Indigenen aus den Bergdörfern hergefahren. Eng aneinander gerückt sitzen sie stundenlang unbeweglich in den kleinen schaukelnden Bussen, bis sie nach Sonnenaufgang an der Haltestelle unterhalb des Arco Kukulcán aussteigen. Der 1932 erbaute Bogen überspannt als Brücke die Hauptdurchgangsstraße des Ortes nach Norden und ist mit einer aus Stein gehauenen gefiederten Schlange verziert, die den höchsten Gott der Tolteken darstellt. Kaum sind die Menschen aus den Bussen ausgestiegen, erwachen ihre Lebensgeister. Sie knoten sich ihre bunten Bündel um die Schultern, die „perrajes" sind prall gefüllt mit Kleidungsstücken, handgefertigten Masken, Lebensmitteln und Stoffen.

Jeder Winkel der Straßen ist mit Ständen zugestellt, sie quellen über vor Waren, man kann die Vielfalt nicht auf einen Blick erfassen. Schalen, Becher, geschnitzte Figuren, Decken, Taschen, Jacken. Eine Pracht an Farben und Mustern. Stoffbahnen mit leuchtenden Streifen in Blau, Rot, Rosa, Grün, Gelb. Bunt bestickte kastenförmige Blusen, die huipiles, werden zu einem Rock getragen, der aus mehreren Bahnen zusammengefaltetem Stoff besteht und mit

einer „faja" zusammengebunden ist. Die Hosen mit weitem Schlag und die Hemden der Männer leuchten in gestreiften oder geometrischen Mustern in Schwarz, Rot, Grün und Weiß. Guatemala ist das größte Färber- und Webzentrum der westlichen Hemisphäre und jede Farbe hat in der Mayakultur ihre eigene Bedeutung. Traditionell wird mit natürlichen Farbstoffen gefärbt, wie Avocado, Campecheholz, Holunder oder Indigo, heutzutage werden allerdings oft synthetische Farbstoffe verwendet. In jedem Ort haben die Maya eine eigene Tracht mit Formen und Farbkombinationen.

Unten: Maya tragen ihre traditionelle Kleidung

137

Zentraler Treffpunkt für die Einheimischen ist die Kirche Santo Tomás an der Ostseite der Plaza, die 1540 auf den Stufen eines alten Mayatempels erbaut wurde. Die Indigenas opferten Ihren Göttern schon in vorkolumbischer Zeit „pom", das Harz des Kopalharzbaumes, indem sie es auf den Tempelstufen verbrannten. Bei brennenden Kerzen sprachen sie dabei zu den Göttern. Die Stufen wurden in der Hoffnung erhalten, dass die Indigenas über sie auch den Weg in den Kirchenraum und zum katholischen Glauben finden. Im 17. Jahrhundert wurde im Archiv des Dominikanerklosters eines der wichtigsten Dokumente der Quiché-Maya gefunden, das „Popol Vuh", ihr heiliges Buch. Es gab Bücher der Maya, in denen sie ihre komplexe Lebenswelt darstellten, doch die meisten wurden von den spanischen Missionaren als Teufelswerk betrachtet. Mitte des 16. Jahrhunderts schrieb ein von Missionaren ausgebildeter Indigener das „Popol Vuh" in seiner Sprache, jedoch in lateinischer Schrift nieder, wodurch wichtige Einblicke in die Mythologie und Geschichte der Maya gewonnen werden konnten.

Noch heute rauchen die kleinen von den Frauen entfachten Altäre auf den Stufen, auch wenn sie häufig nur mehr der Zurschaustellung für die Touristen dienen. Blütenblätter und Mais werden ans Feuer gelegt und „pom" verbrannt. Der Mais ist für die Indígenas heilig, da nach ihrem Glauben die Götter den Menschen aus Maisbrei und Wasser geformt haben. Die Maya vergleichen das Maiskorn in der Erde mit einem Kind im Mutterleib und setzen die Phasen des Pflanzenwachstums des Maiskolbens mit der Entwicklung des Menschen gleich. Als Nahrungsgrundlage spielt der Mais neben Bohnen eine wichtige Rolle. Im Westen Guatemalas entwickelte sich durch gute Bodenverhältnisse eine

Maisanbaukultur heraus. Bis heute wird er von den Maya nach traditioneller Weise angebaut. In einer Furche werden mehrere Maiskörner zusammen mit Bohnen gelegt. Die sich bildenden Pflänzchen werden in regelmäßigen Abständen mit etwas Erde zugedeckt, um sie vor Wind zu schützen. Diese Erdhügel dienten den Maya als Altar, auf dem der Mais heranwuchs und verehrt wurde. Heute steht den Maya immer weniger Land zur Verfügung, andere Pflanzen wie Kaffee und Bananen werden von Großgrundbesitzern mit größerem Profit bevorzugt angebaut, die Indigenen arbeiten unter schlechten Bedin-

gungen auf den Plantagen, um ihre Familien zu ernähren. Eigenes Land, das ihnen als Ausweichfläche zur Verfügung steht, verfügt oft über schlechte Bodenqualität und Erosionsschäden beeinträchtigen die Ernte, wodurch der nationale Tagesbedarf kaum gedeckt werden kann.

Seite 138: Vor der Kirche Santo Tomás verbringen viele Indígenafrauen den Tag

Unten: Auf den Treppenstufen huldigten die Maya schon in vorkolumbischer Zeit den Göttern

Der Markt in Chichicastenango ist für Touristen ein Spektakel, sie reisen in großen Bussen am Vormittag an. Die Maya bieten auf dem Markt ihre Waren an und haben dadurch die einzige Möglichkeit, von dem großen „Kuchen der Tourismusbranche" einen Teil abzubekommen. Hier legt man mir ein Stück Stoff über die Schulter, dort preist man mir eine Jacke an. Feilschen ist hier ein Muss. Stunden kann man zwischen den Ständen wandern ohne sich satt zu sehen. Das eine oder andere schöne Teil wandert dann doch zu mir und wird mit viel Mühe im Alukoffer verstaut.

Besonders für die Einheimischen sind die Märkte wichtig. Hier verkaufen sie Gemüse, Kräuter und Gewürze, dort werden Bürsten, Schüsseln, Töpfe und allerlei andere Artikel für den täglichen Bedarf feilgeboten. In der Mitte des Dorfplatzes sind die Stände in der Menschenmenge kaum auszumachen. Die Indígenas bleiben meist unter sich, backen Tortillas aus Maisbrei und tauschen Informationen, Geschichten, Klatsch und Tratsch aus. Stimmengewirr umgibt uns, kaum jemand spricht Spanisch, die Mayasprachen klingen fremd in unseren Ohren. Den ganzen Tag über herrscht ein emsiges

Treiben. Gegen Abend packen die Händler ihre Sachen zusammen und gehen in kleinen Gruppen zu den Bussen zurück. Die Frauen haben ihre „perrajes" über der Schulter verknotet, in denen jetzt ihre kleinen Kinder schlummern. Bis sie ihre Dörfer erreichen, wird die Nacht hereingebrochen sein. In wenigen Tagen kommen sie wieder und ein neuer Markttag beginnt.

Oben: Scharfe Chilischoten
Links: Feilschen ist ein Muss

Seite 141: Reichhaltiges Angebot an Waren auf dem Markt

ZWISCHENSTATION

Die Strecke führt weiter durch die Region Chiché in den Alta Verapaz, eine bergige, trockene und heiße Gegend. Zunächst kommen wir auf dem Asphalt gut voran, einzig die „túmulos" machen uns zu schaffen. Diese Bodenwellen zur Verlangsamung des Straßenverkehrs sind von weitem nicht zu erkennen. Bei den erlaubten km/h schlägt die Gabel durch und wir bekommen trotz Federung einen heftigen Schlag in den Rücken. Irgendwann geht die Asphaltstraße in eine unbefestigte Piste über, die aber bis Uspantán gut zu befahren ist.

Eine Baustelle kündigt sich an, eine Fahrbahn wird erneuert. Normalerweise regelt an solchen Baustellen ein mit einer rot-grünen Fahne schwenkender Arbeiter den Verkehr, doch hier nicht. Ein Baggerfahrer ermuntert uns zur Weiterfahrt. Prompt kommt uns ein Gräder entgegen, dessen Fahrer den frisch geschütteten Kies verteilt. Ihm folgen mehrere Autos auf unserer Spur. Wir können mit den schwer bepackten Motorrädern weder vor noch zurück, worüber sich der Fahrer sichtlich ärgert. Er weicht in den Kieshaufen aus, die anderen Fahrzeuge bleiben jedoch in der Spur stehen. Rechts von uns zieht sich ein Graben entlang. Mit höchster Konzentration tasten wir uns Zentimeter für Zentimeter vorsichtig an den Fahrzeugen vorbei. Der Zustand der Offroad-Strecke bessert sich danach nicht mehr, es erinnert mich an den Süden Boliviens, wo es nahezu keine Straßen oder auch nur Pisten gab und wir kilometerlang durch ein Flussbett gefahren sind. Je höher wir kommen, desto tropischer wird die Vegetation, hier ist das Land fruchtbar und die Erde braunrot gefärbt. Was für ein plötzlicher Klimawechsel, die hohe Luftfeuch-

Seite 142: Auf dem Weg nach Uspantán

tigkeit schlägt sich schnell unter dem Helm und der Kleidung nieder.

Zwei Mädchen laufen am Wegesrand entlang, sie tragen weiße, schlichte Kleider und jede balanciert einen bunt bemalten Wasserkrug auf dem Kopf. Bei diesem Anblick kommt mir ein Bild aus dem „Dschungelbuch" von Rudyard Kipling in den Sinn. Die Stelle, an der das mit den Tieren im Dschungel aufgewachsene Findelkind Mogli zum ersten Mal auf Menschen trifft und ein Mädchen entdeckt, das an einer Wasserstelle sein Tongefäß auffüllt. Aber es ist ein klischeehafter Vergleich, den ich sogleich wieder aus

meinen Gedanken verdränge. Wir erreichen ein kleines Dorf und sind uns nicht sicher, welche der Straßen in die richtige Richtung führt. Ein paar Männer stehen vor einer Hütte zusammen, ich frage nach dem Weg, doch ich kann mich nicht verständlich machen, weil ich ihre Sprache nicht beherrsche. Sie sind zurückhaltend, hier in dieser abgeschiedenen Gegend wundern sie sich wahrscheinlich über uns seltsame Gestalten mit den klobigen Motorradstiefeln, der schwarzen Kleidung und über die schwer bepackten Maschinen. Ich nenne ihnen den nächsten Ort, der auf meiner Karte verzeichnet ist, vage zeigen

Unten: Hindernisse stellen sich einem immer wieder in den Weg

sie in eine Richtung und atmen wohl auf, als wir weiter fahren. 80 km folgen wir dem steinigen Weg und stoßen bei Santa Cruz Verapaz wieder auf Asphalt. Es ist die richtige Richtung.

Die Stadt Cobán streifen wir nur und biegen ab ins Gebirge nach Lanquín. Die Landschaft gleicht hier einer riesigen grünen Buckelpiste. Eine schmale Straße führt durch kleine Dörfer, kaum mehr als eine Handvoll Häuser. Das Hinweisschild nach Lanquín zeigt eine steile steinige Piste hinunter ins Tal an. Wieder treffen wir auf Bauarbeiter, immer ein sicheres Zeichen, dass die Strecke aufgerissen und schlecht zu befahren ist. 11 km lang ist die Strecke, die durch Regenfälle an manchen Stellen aufgeweicht und matschig ist. Laster und Baustellenfahrzeuge kommen uns auf dem schmalen Weg entgegen, es gibt kaum Möglichkeiten, auszuweichen. Wir holpern mehr vorwärts als dass wir fahren. Die schlechte Nachricht ist, dass wir die gleiche Strecke wieder zurückfahren müssen, da der Weg bis ins nächste Dorf eine Sackgasse ist. Ein Gedanke, mit dem ich mich erst anfreunden muss. Noch immer huste ich vor mich hin, die Nase läuft, ich fühle mich nach einer solchen Tagestour schlapp und ausgelaugt. Wir nehmen uns ein Zimmer in einer Hospedaje,

Seite 144: Blick ins Tal bei Uspantán

Oben links: Waldreich ist die Gegend bei Lanquín
Oben rechts: Wilde Müllkippen gibt es an vielen Orten
Rechts: Bei San Cristóbal Verapaz

eigentlich sehr schön direkt am Fluss gelegen, doch mangels anderer geeigneter Unterkünfte richtet sich der Preis nach der Nachfrage. Die Auswahl an Lebensmitteln ist im Dorf ziemlich eingeschränkt. Es gibt nirgendwo Käse, nur ein paar Packungen Tütensuppen und Brot treiben wir auf, um uns ein fürstliches Mahl auf dem Benzinkocher zuzubereiten. Abends wird es empfindlich kalt im Tal, es tut gut, etwas Warmes in den Magen zu bekommen. In der Nacht wache ich mit Hustenanfällen auf, bei jedem Atemzug schmerzt die Brust. Den nächsten Tag verbringe ich in der Hängematte, bin kaum in der Lage, aufzustehen.

Am darauf folgenden Tag fühle mich gekräftigt für einen Ausflug in die Umgebung. Der Grund, der uns in diese einsame Gegend führt, ist die rund 20 km entfernte Naturbrücke „Semuc Champey". Axel chauffiert mich auf seinem Motorrad. Die Piste ist eine Herausforderung für zwei Personen auf einer Maschine, er hat gut zu tun, uns beide sicher auf der dicken Twin über Stock und Stein zu manövrieren. Wir lassen das Motorrad am Parkeingang stehen und wandern hinunter zum Fluss Cahabón Gorge. Es ist wunderschön hier, ein Gebiet mit smaragdgrünen Flüssen und kleinen Wasserfällen. Der Pfad ist schmal und führt mitten durchs Dickicht. Moosbedeckte Holzstege führen über matschigen Boden, Wurzeln bilden natürliche Treppen an den Hängen, hohe Felswände erstrecken sich an den Ufern des Flusses. Die Landschaft ist ursprünglich, wild und grün. „Semuc Champey" überspannt den Fluss rund 60 m breit, passend übersetzt bedeutet der Name „Ort, wo sich die Wasser verstecken". Vor der Brücke verschwindet der Cahabón in einem Loch und kommt unterhalb der Terrassen wieder zum Vorschein. Von der Brücke hinunter plätschert Wasser in verschiedene Terrassen, in denen man herrlich baden kann. Kaum jemand ist außer uns hier.

Wir lassen die Seele baumeln und genießen die Stille der Natur um uns herum.

Auch in der nächsten Nacht finde ich vor lauter Husten kaum Schlaf. Da unser Zimmer für andere Gäste reserviert ist, müssen wir heute abreisen. Also quäle ich mich am Vormittag auf das Motorrad, mit Grauen denke ich an die lange Fahrt, die wir uns für heute vorgenommen haben, bis Tikal sind es über 400 km. Scheinbar haben die Bauarbeiter in den letzten zwei Tagen ganze Arbeit geleistet, von der Baustelle ist kaum noch etwas zu sehen. Die Schlaglöcher sind ausgebessert, sandige Stellen sind mit Schotter zugeschüttet und begradigt. Die Strecke zur Hauptstraße hinauf ist wesentlich leichter zu fahren als vor ein paar Tagen hinunter.

In einem Dorf findet mitten auf der Straße ein Wochenmarkt statt, es ist fast kein Durchkommen. Mehr schiebend als fahrend schlängeln wir uns an den Ständen und Menschen vorbei. Ich habe kaum noch Kraft, das Motorrad unter Kontrolle zu halten, der Fahrtwind drückt gegen meine Brust, als wolle er mich im nächsten Moment umpusten. Wenige Kilometer hinter Cobán halte ich mitten auf der Landstraße an, stelle das Motorrad auf dem Seitenständer ab und lasse mich auf den Tank sinken. Zum ersten Mal nach Monaten unterwegs habe ich das Gefühl, das Motorrad nicht länger beherrschen zu können. Axel macht den Vorschlag, in die Stadt zurückzukehren. Ich nicke stumm. Vielleicht gibt es einen Arzt und eine Apotheke dort. Nur dieser Gedanke treibt mich an, das Motorrad zu starten. Ich weiß nicht, wie ich den Weg gemeistert habe, doch irgendwie finde ich mich in Cobán wieder.

Erst einmal müssen wir in dem 1538 gegründeten und von Karl V. einst zur Reichshauptstadt ernannten Ort eine passende Unterkunft für uns alle finden. Die Suche nehme ich wie in Trance wahr. In einem alten Gemäuer, das einmal zu einem Kloster gehörte, finden wir

Seite 147: Naturbrücke Semuc Champey bei Lanquín

schließlich ein kleines Zimmer zum Übernachten. Mit letzter Kraft helfe ich, das Gepäck vom Hof in unser Zimmer zu tragen. Die Gastwirtin nennt mir einen Arzt in der Nähe, der mich untersucht und mir Antibiotika und einen anderen Hustensaft verschreibt. Er rät mir, dringend ein paar Tage auszuruhen. Apotheken gibt es Dutzende in Cobán, aber keine hat das verschriebene Medikament. Während ich mich ins Zimmer zurückziehe, macht sich Axel noch einmal auf den Weg zum Arzt, erhält ein neues Rezept und kommt mit Medizin zurück. Ohne etwas zu essen schlafe ich früh ein. So eindrucksvoll wie das alte Kloster ist, so dick und kalt ist auch sein Gemäuer. In der Nacht bekomme ich Schüttelfrost, in diesem Raum werde ich nicht wieder gesund. Am nächsten Morgen machen wir uns auf die Suche nach einer anderen Unterkunft. Gleich um die Ecke liegt eine Pension, die in allen Etagen mit Pflanzenkübeln voll gestellt ist und an einen Wald erinnert. Es gibt noch ein freies Zimmer im Dachgeschoss, der Raum ist von allen Seiten lichtdurchflutet und warm. Wir packen die Motorräder, fahren die wenigen Meter über die Straße und schleppen alles ins oberste Stockwerk der neuen Herberge. Dann

sinke ich auf die Matratze und bleibe die nächsten Tage mit hohem Fieber liegen.

Jeden Tag regnet es in Cobán, der für die Gegend typische leichte Nieselregen „chipi chipi". Die Leute sagen, hier regne es 13 Monate im Jahr, doch das stört uns nicht, solange wir in unserer gemütlichen Dachstube sitzen. Im Haus gibt es keinen Kühlschrank für die Gäste, deswegen fällt das Frühstück entsprechend spartanisch aus, solange ich nicht aufstehen kann. Heißes Wasser, Tee und Kaffee bekommen wir kostenlos an der Rezeption. Axel kauft im Supermarkt eine große Packung Toast,

Mayonnaise und eingepackte Käsescheiben, die tagsüber durch die Wärme im Zimmer vor sich hinschmelzen und nach kurzer Zeit wenig appetitlich aussehen. Langsam wirkt die Medizin, und nach drei Tagen komme ich wieder zu Kräften.

Unten: Schöne Aussichten in der Bergregion Guatemalas

VERLORENE STADT IM DSCHUNGEL

Wir packen unsere Siebensachen und starten zum zweiten Anlauf nach Tikal durch die Sierra de Chamá, die sich im Alta Verapaz von Westen bis in den Osten des Landes erstreckt. Vorbei am See Petén Itzá fahren wir in den Nationalpark hinein. Unweit des Eingangs zu den Ruinen winken uns von einer Wiese her zwei Leute zu, das weiße Motorrad daneben gehört unverkennbar zu Nick und Jill. Sie sind wenige Minuten zuvor eingetroffen, wir schlagen die Zelte nebeneinander auf. Außer uns tummeln sich nur einige Truthähne auf der Wiese. Eine Toilette und fließend kaltes Wasser befindet sich in einem nahe gelegenen Haus. Kurz vor Sonnenuntergang wandern wir gemeinsam in die alte Mayastadt. Mitten durch den Dschungel führen viele kleine Wege, leicht verläuft man sich und die Sonne sinkt schnell. Wir erreichen den Komplex „Mundo Perdido" – „Verlorene Welt" und erklimmen die steilen Treppenstufen zu einer Plattform. Gerade noch rechtzeitig kommen wir oben an, um zu sehen, wie das Licht der rot glühenden Sonne für kurze Zeit auf die Baumwipfel und die aus dem Wald herausragenden Tempelbauten fällt, bevor sie untergeht. Brüllaffen schreien, Vögel zwitschern. Obwohl wir natürlich zusammen mit vielen anderen hier stehen, breitet sich um mich herum eine innere Ruhe aus, im Geiste versetze ich mich in eine Zeit vor mehr als 1.000 Jahren zurück. Sehe vor meinem inneren Auge Menschen in einer belebten Stadt umherlaufen. Eine Prozession wird vorbereitet, verbunden mit einem Opferritual. Das Volk versammelt sich auf der großen Plaza, um der Zeremonie beizuwohnen. Auf den Stufen wird „pom" verbrannt. Priester steigen in kostbarem Gewand die Stufen einer rot bemalten Pyramide bis zum Tempeleingang hinauf. Sie versammeln

Rechts: Vor Schlangen wird gewarnt

Unten: An den Ruinen von Tikal schlagen wir das Zelt auf

Oben: Prachtexemplar einer Vogelspinne

Seite 150: Abendstimmung im Urwald von Tikal

Schreck erstarrt stehen geblieben und ergreift dann doch die Flucht. Spinnen sind interessante Tiere, vor allem in dieser Größe. Ich begegne ihnen allerdings lieber auf der Straße als im Zelt. In dieser Nacht begleiten unseren Schlaf nur die Stimmen aus dem Dschungel.

Um die Welt der Maya zu begreifen, muss man sich mit ihrer Kosmovision beschäftigen. Ihr Weltbild gleicht einem Baum, der Ceiba. Dessen Äste ragen in den Himmel und schaffen damit die Verbindung zur Welt der Götter. Der Himmel wird durch die zweiköpfige Schlange präsentiert, die nach Osten und Westen blickt. Ihr Körper bildet das planetarische Band zwischen Mensch und Göttern, auf dem die Sterne funkeln. Die Wurzeln des Baumes ragen hinab in die Welt der Toten, die Xibalbá, in der die Herrscher der Nacht, die „bolon-ti-ku" leben. Der Baumstamm verkörpert die natürliche Welt, in der die Menschen leben. Den vier Himmelsrichtungen dieser Welt wird jeweils eine symbolträchtige Farbe zugeordnet. Rot steht für die Wiedergeburt und die aufgehende Sonne im Osten, Schwarz beschreibt im Westen den Tod und die untergehende Sonne, Gelb steht im Süden für die Venus, Weiß für den Norden und den Mond. Neben den Farben spielen Tiere eine bedeutende Rolle für die Maya. Bei seiner Geburt erhält der Mensch ein Tier als Schutzgeist, ein „nahual", mit dem die Seele eng verbunden ist. Dieses Tier wird als Geheimnis gehütet, wenn ein anderer von dem Tier weiß und ihm feindlich gesonnen ist, kann er dessen Geist quälen und den Menschen töten.

Für die Schöpfung des Menschen kamen die Götter dreimal zusammen. Beim ersten Mal wurden sie aus Lehm geformt, doch sie hatten keinen Verstand und wurden durch Wasser zerstört. Beim zweiten Mal wurden die Männer aus dem Holz des Tzitebaumes geformt und die Frauen aus Binse, doch sie hatten keine Seele und keinen Verstand. Die Natur lehnte sich

sich in den Gebäuden, um mit den Göttern in Kontakt zu treten.

In Begleitung eines Nationalparkwächters verlassen wir mit den anderen Besuchern die Anlage. Die Tempel schimmern bläulich im letzten Abendlicht, dann ist es stockdunkel. In einem Comedor, wo die Beschäftigten des Nationalparks ihren Feierabend begehen, bekommen wir leckere einfache Gerichte serviert. Müde tasten wir uns anschließend mit unseren Stirnlampen zum Zeltplatz zurück und treten dabei fast auf ein Prachtexemplar von Vogelspinne. Im Schein der Lampen ist sie auf der Straße zunächst vor

dagegen auf, so brachten die Götter schwarzen Regen und zerstörten sie. Beim dritten Mal waren die Götter zu der Erkenntnis gelangt, dass Mais der einzig richtige Lebensstoff ist, um den Menschen zu schaffen. Sie formten ihn aus gelben und weißen Maiskolben, mit heller Hautfarbe, Augen wie Kaffeebohnen, einem starken Körper, der mit schwarzem Haar gekrönt ist. Dem Schönheitsideal der Maya entsprach eine längliche Kopfform. Bereits im Babyalter wurden die Köpfe in einen Schraubstock gespannt, damit der Schädel sich länglich verformte. Schielaugen wurden künstlich herbeigeführt, indem Kleinkindern eine Kugel an einem Band ins Vorderhaar gebunden wurde, auf die sie starrten. Ohren und Nasen wurden gepierct. Die Vorderzähne wurden gezogen und durch Jade ersetzt.

Tikal ist bei Tageslicht genauso faszinierend wie in der Abenddämmerung. Früh wird es hell und auch die Tiere werden aktiv. Nach einem kargen Frühstück machen wir uns auf den Weg, bevor die großen Busse mit den Tagesbesuchern eintreffen. Das Zentrum Tikals innerhalb des Nationalparks umfasst 57.500 ha, mit einer großen Anzahl von Tempeln, Palästen, Kultstät-

Unten: Die Nordakropolis mit Tempel II

Seite 155: Sonnenuntergang am Lago Petén Itzá

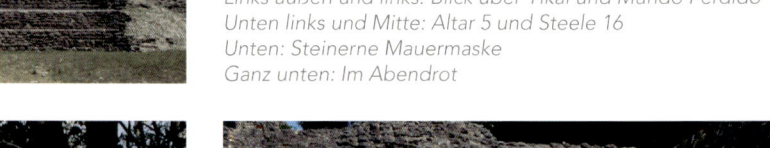

Links außen und links: Blick über Tikal und Mundo Perdido
Unten links und Mitte: Altar 5 und Steele 16
Unten: Steinerne Mauermaske
Ganz unten: Im Abendrot

ten, Plattformen, Plätzen und Wohnkomplexen. Über einen langen Zeitraum von etwa 600 v. Chr. bis etwa 900 n. Chr. hat in Tikal eine andauernde Bautätigkeit stattgefunden. Unzählige Gebäude befinden sich wahrscheinlich noch unter der Erdoberfläche. Die Maya bauten in Tikal ausschließlich mit Steinwerkzeugen und ohne Hilfe von Lasttieren. Im Inneren der Tempel befanden sich Grabstätten hoher Persönlichkeiten, die mit kostbaren Grabbeigaben bestückt waren. Die meisten hölzernen und reich verzierten Türstürze, für die die Tempel Tikals bekannt sind, wurden entfernt und befinden sich in ausländischen Museen.

Was nach 900 n. Chr. geschah, ist bis heute nicht geklärt. Ein Großteil der Menschen verließ Tikal, seitdem finden sich keine datierten Gebäude oder Stelen mehr. Das wirtschaftliche und politische Zentrum der Maya verlagerte sich weiter in das nördliche Tieflandgebiet des heutigen Mexiko. Übrig geblieben sind die Ruinen, die 1979 von der UNESCO zum Weltkulturerbe ernannt wurden. Wie vor 1.000 Jahren ist die Stätte auch heute wieder von Zerstörung bedroht. Die wenigen Parkwächter sind außerstande, Tierjäger und Plünderer fern zu halten. Illegaler Holzeinschlag zerstört wertvollen Naturraum im Nationalpark und die erhöhte Luftverschmutzung setzt dem Material der Ruinen zu. Darüber hinaus können die heute in der Umgebung lebenden Maya die für sie bedeutenden religiösen Stätten kaum jemals aufsuchen und für ihre Zeremonien nutzen, da sie sich obwohl es sich um ihr ureigenes kulturelles und spirituelles Erbe handelt, den Regeln der Tourismusbranche unterwerfen müssen.

KARIBISCHE GEFÜHLE

Während des Packens unserer Sachen greift Axel in den Beutel für den Kocher und lässt ihn sofort wieder fallen. Er verspürt etwas zwischen seinen Fingern, das wahrlich nicht zum Inhalt zählen kann. Kurz darauf tauchen aus dem Beutel lange, braune, dünne Insektenbeine mit Haaren auf. Die dazugehörige Spinne hat sich wohl in der Nacht ein dunkles Plätzchen gesucht, nun hat Axel ihren Schlaf gestört. Sie sucht frische Luft und krabbelt nach draußen ins Unterholz.

Gemeinsam mit Nick und Jill reisen wir nach Belize weiter. Die zunächst asphaltierte Straße geht einige Kilometer vor der Grenze in eine Piste über, entsprechend zugestaubt kommen wir im zweitkleinsten Staat Zentralamerikas an. Belize ist gerade 23.000 km² groß und gehört als ehemalige britische Kronkolonie seit 1981 als unabhängige parlamentarische Monarchie zum Commonwealth. Noch immer ist Queen Elizabeth II. das formelle Staatsoberhaupt, ihr Antlitz ist auf jedem Geldschein zu finden. Nach dem langen Aufenthalt in spanisch sprechenden Ländern muss ich mich erst einmal umstellen, denn in Belize ist Englisch Amtssprache. Nick und Jill

Seite 156: Warteschlange bei der Ausreise aus Guatemala

fühlen sich fast schon wie zu Hause und können die Zollformalitäten für ihr Motorrad rasch erledigen. Ich werde dagegen in Probleme verwickelt. Erst fragt der Zollbeamte mich ironisch, ob ich als Frau etwa ein eigenes Motorrad fahren würde, dann fehlt ihm die wichtigste Information in den Motorradpapieren, die es in Belize angeblich gibt: das Erstzulassungsjahr. Ohne diese offiziell beurkundete Information will er uns nicht einreisen lassen. Ich versuche ihm zu erklären, dass es bislang an keiner Grenze deswegen ein Problem gab, die deutschen Behörden würden diese Information im internationalen Fahrzeugschein bloß nicht aufführen. Er fühlt sich provoziert und erklärt mir, in Belize sei eben alles anders, es gäbe feste Bestimmungen, und wenn wir kein entsprechendes Dokument vorweisen könnten, müssten wir nach Guatemala zurückkehren. Je länger ich mit ihm diskutiere, desto sturer stellt er sich an. Nachdem Axel in der Zwischenzeit unsere Motorräder desinfizieren ließ, kommt er hinzu und die beiden fangen einen Plausch über Motorräder an, lachen und scherzen miteinander. Ohne noch einmal aufzuschauen, schreibt der Zöllner das jeweilige Zulassungsjahr der Motorräder von einem anderen Einreisestempel

Rechts: In Belize kommt man zügig voran

ab und übergibt Axel lächelnd die Dokumente. Ich verkneife mir eine Bemerkung, Hauptsache, wir haben die Importpapiere. Es fällt mir wie immer schwer, mich an dieses Machogehabe zu gewöhnen. Die Strecke bis zur nächsten großen Ortschaft legen wir mit unseren Freunden gemeinsam zurück, dann trennen sich unsere Wege endgültig. Auf dieser Reise werden wir uns nicht mehr wiedersehen.

Highways statt „autopistas", Meilen statt Kilometer, alles ist „very british". Wenigstens herrscht kein Linksverkehr auf den Straßen. In Belize hat sich vor allem im Süden die Natur erhalten: küstennahe Lagunen, Savannen, tropische Regenwälder und Mangrovenwälder. Das Land ist hügelig und dicht bewaldet, vielleicht ist dies dem Umstand einer niedrigen Bevölkerungsdichte und einer nur gering entwickelten Industrie zu verdanken. Der Norden wirkt hingegen karg und öde, die Wälder sind abgeholzt, hier finden sich vor allem landwirtschaftliche Flächen, Zuckerrohrplantagen und Viehweiden.

Über den Hummingbird-Highway fahren wir zur malerischen Karibikküste und hätten auf dem Weg fast die Hauptstadt Belmopan übersehen. Nachdem 1961 der Hurrikan Hattie

Seite 158, links: Manchen wirft es aus der Kurve
*Seite 158, unten: Belizes Hauptstadt Belmopan erscheint
provinziell*

Belize-Stadt ziemlich zugesetzt hatte, wurde im Landesinneren 1970 eine neue Hauptstadt geschaffen. Für über 40.000 Einwohner angelegt leben hier lediglich einige Tausend Menschen, wenige Regierungsgebäude liegen unscheinbar über den Ort verteilt. Alle wichtigen Verwaltungs- und Geschäftszentren sowie die ausländischen Botschaften befinden sich weiterhin in Belize-Stadt. Der Highway ist gut ausgebaut mit langgezogenen Kurven, mal wieder ein Vergnügen, zu fahren. Die guten Straßenverhältnisse verführen manchen, richtig Gas zu geben. Nicht alle überleben das, wie ein umgestürzter Bus auf einer Wiese deutlich macht. An den Seiten der kleinen Brücken ist das Buschwerk heruntergeschnitten. Ein Einheimischer erzählt uns, dass es noch letztes Jahr zahlreiche Überfälle an Brückenüberfahrten gab, weil sich Diebe dort gut verstecken konnten und dann aus dem Graben sprangen, um Autofahrer anzuhalten und auszurauben. In der einsamen Gegend hatten sie leichtes Spiel. Nun ist alles weit einzusehen und jede Häuseransammlung verfügt über ein Notruftelefon. Seitdem sind die Überfälle wesentlich weniger geworden.

*Unten: Auf der Hauptstraße von Hopkins herrscht kaum
Verkehr*

Uns zieht es zum „Cockscomb Basin Wild-
life Sanctuary". Unweit dieses bekannten Jaguar-
reservats finden wir am Rande des kleinen Dorfes
Hopkins eine Unterkunft. Die Eigentümerin ist
gerade nicht da, aber ein vorüberfahrender Einheimischer meint, wir sollten schon einmal eines
der Zimmer beziehen und die Mopeds in den
Garten schieben. Wir zögern. Später kommt ein
Bauarbeiter vorbei und bietet uns an, jemandem
im Dorf Bescheid zu sagen, weil die „Misses"
erst am Abend heim käme. Wenig später kommt
eine junge Frau auf dem Fahrrad angeradelt,
die Whoopi Goldberg zum Verwechseln ähnlich
sieht. Sonnenbrille ins Haar geschoben, guter
Laune und aufgedreht. Sie hilft der „Misses" im
Haus und meint, wir könnten eines der Zimmer
nehmen, es sei nichts reserviert. Der Schlüssel
steckt. Wegen des Preises würden wir uns schon
einigen. Also machen wir es uns gemütlich.
Unsere Mägen knurren und es wird Zeit, etwas zu
sich zu nehmen. Gegrillter fangfrischer Fisch ist
jetzt genau das Richtige, und den bietet man uns
in einer nahe gelegenen Gaststätte an. Als wir
zurückkommen, ist auch die Eigentümerin eingetroffen, wir verstehen uns gleich auf Anhieb. Die
in Deutschland aufgewachsene Holländerin freut
sich mal wieder deutsch zu sprechen. Im Dorf
herrscht schon wegen der tropischen Schwüle
eine ansteckende Gelassenheit. Im Nu kennt uns
fast jeder, es hat sich herumgesprochen, dass
wir mit Motorrädern unterwegs sind. Wie alte
Bekannte werden wir gegrüßt. Die Kinder lassen
nicht lange auf sich warten, wollen doch so gerne
einmal auf dem Motorrad sitzen. Wer könnte
ihnen diesen Wunsch abschlagen?

Unsere Zimmerwirtin weiht uns in den
Dorfklatsch ein. Außerhalb des Ortes gibt es in
etwa 2 km Entfernung eine neu gebaute Sied-
lung mit luxuriösen Hotelanlagen. Da dort meist
Nordamerikaner absteigen und den dreifachen
Preis bezahlen mit dem Argument, sie fühlten
sich im Dorf nicht sicher mit den schwarzen Ein-

160

Oben: Wasserfall im Naturreservat Cockscomb Sanctuary
Oben, rechts: Riesige Farne überschatten die Wege im
Cockscomb Sanctuary

Seite 160, oben: Ein Kind begeistert sich für das Motorrad
Seite 160, unten: „Gringo Town" bei Hopkins

heimischen Tür an Tür, trage der Ort aus Spaß den Beinamen „Gringotown". Dass viele von den Dorfbewohnern in den Hotels arbeiten, ist für die Urlauber scheinbar etwas anderes. Solche Gedanken kann ich nicht nachvollziehen, wir fühlen uns im Dorf ziemlich gut aufgehoben. Die Bevölkerung in der Gegend ist sehr gemischt. Neben Schwarzen, deren Vorfahren einst als Sklaven und billige Arbeitskräfte aus afrikanischen Staaten in die Karibik gebracht wurden, leben hier Maya, Asiaten und Mestizen nebeneinander.

Trotz tropischer Temperaturen, bei denen man eigentlich besser zum Barrier Reef und den Cayes, den vielen kleinen Inseln, hinausfahren könnte, machen wir einen Ausflug mit dem Motorrad in das Reservat zum Wandern – und sehen kein einziges Tier von denen, die wir so gerne entdeckt hätten. Dabei beheimatet das 42.000 ha große Gebiet über 55 Säugetierarten und 250 Vogelarten. Viele Tiere sind jedoch nachtaktiv, oder ihre Populationen verteilen sich über eine große Fläche, so dass man sie kaum zu Gesicht bekommt. Die Pflanzenvielfalt ist umso bestaunenswerter. Riesige Farne bilden ein natürliches Dach über unseren Köpfen und spenden Schatten, Dutzende verschiedener Baumarten und blühende Pflanzenarten sind hier heimisch. Es ist vor Hitze kaum auszuhalten, Insekten stürzen sich auf uns, in der Hoffnung auf „frisches Blut". Trotz Mückenschutz sind wir in kürzester Zeit zerstochen, die Stiche brennen unter der Haut und entzünden sich. Eine lange Siesta im klimatisierten Zimmer ist die beste Alternative. Am Abend können wir in der Küche unserer Wirtin eine Suppe kochen, sie spendiert sogar dunkel gebackenes Brot von einer deutschen Bäckerei aus der nächst gelegenen Stadt – ein Genuss für unsere Gaumen!

Belize-Stadt widmen wir nur einen kurzen Übernachtungsstopp. Unsere Zimmerwirtin ist eine reizende ältere Dame. Die Motorräder parken wir bei ihr im Garten, der zwar genügend Platz bietet, wir schaffen es aber nur mit Ach und Krach, die beiden Maschinen durch das schmale Gartentor zu bugsieren. „La Trochita" bekommt deshalb von der Vermieterin einen neuen Spitznamen: „schwarzes Monster". Es ist Sonntag und fast alle Geschäfte haben geschlossen, bis auf ein paar von Asiaten betriebene Kioske. In einem indischen Lokal nehmen wir einen Snack zu uns und verbringen den Rest des Abends in unserem Zimmer. Unsere Wirtin hat davon abgeraten, nach Anbruch der Dunkelheit durch die Straßen zu laufen, wir halten uns an ihren Rat.

Rechts: In Belize-City passen die Motorräder gerade durch das Eingangstörchen

ZEICHEN UND ZAHLEN

In einem Rutsch erreichen wir am nächsten Tag die Grenze nach Mexiko, denn der Norden Belizes lädt nicht zu einem weiteren Stopp ein. Ein quer über die Straße gespanntes Transparent heißt uns in Nordamerika willkommen. Dringend müssen wir uns in Mexiko nach einer Motorradversicherung umschauen, denn das Land ist in unserem internationalen Versicherungsschein ausgeschlossen. Gleich nach dem Grenzposten gibt es ein Versicherungsbüro, die schließen jedoch nur Verträge für PKWs ab. Wie sich bald herausstellt, ist es ein unmögliches Unterfangen, in Mexiko eine Motorradversicherung abzuschließen. In der grenznahen Provinzhauptstadt Chetumal klappern wir in den nächsten 2 Tagen alle möglichen Versicherungsbüros ab. Die Agenten sind alle sehr freundlich und hilfsbereit, telefonieren herum und geben uns andere Adressen, doch erfolglos. Das Risiko sei den Versicherungen zu groß – Diebstahl, Unfall, alles Mögliche könne mit den Motorrädern passieren. Genau die Gründe, warum man eine solche Police besitzen möchte. Wir recherchieren im weltweiten Netz und finden eine ausländische Versicherung, die einen Abschluss übers Internet mit Kreditkarte ermöglicht. Eine Stunde später haben wir die Versicherungspolicen ausgedruckt in der Hand.

Die Suche nach einer Unterkunft gestaltet sich auch etwas umständlicher als erwartet. Chetumal ist eine moderne Stadt mit einem großen Einkaufszentrum „auf der grünen Wiese". Die Preise in den Hotels sind hoch. Unsere letztendliche Wahl bereuen wir bereits in der ersten Nacht. Der Hofparkplatz vor den Zimmern dient offenbar als Warenumschlagsplatz, Kleintransporter fahren an und ab, lautstark werden Pakete hin- und her transportiert, die Grenze ist nah. Wir tun kein Auge zu. Zudem macht das Zimmer einen klinisch reinen Eindruck. Die Wände sind bis zur Decke gefliest, im Bad riecht es stark nach Chlor, der Fernseher ist in einem Drahtkäfig verschlossen, eine Fernbedienung gibt es wegen der Diebstahlgefahr nicht – die Eigentümer scheinen so ihre Erfahrungen gemacht zu haben. Wir suchen uns eine neue Bleibe, die bis auf das Frühstücksangebot in Ordnung ist. Tortillas mit frijoles, braunem Bohnenmus, in Fett gebratene Rühreier und scharfe rote Chilisoße stehen zur Auswahl. Ich verstehe gar nicht, wie Axel das morgens essen kann.

Unten: Denkmal für die Indigenas in Chetumal

Chetumal hat ein ausgezeichnetes Mayamuseum. Hier erfahren wir einiges mehr über ihre Kultur und Mythologie, mit der unmittelbar die Entstehung des Mayakalenders und ihr Zahlen- und Zeichensystem verbunden sind. Zahlen stellten für die Maya keine abstrakte Mathematik dar, sondern Götter, die das Schicksal der Menschen beeinflussten. So wurden auch Zeitabschnitte durch Götter personifiziert. Zunächst wurden 13 Kopfprofile für die Zahlen 1 bis 13 geschaffen. Die Zahlen 14 bis 19 ergaben sich aus den Profilen 4 bis 9, die durch einen knöchernen Unterkiefer ergänzt sind. Die Zahl 0

ist durch eine Hand im Kopfzeichen dargestellt bzw. ähnelt einer geschlossenen Muschel. Später zählte man mit Punkten, Strichen und Nullen in einem 20er-System, das auf einem Werteschema von unten nach oben aufsteigend aufgebaut ist: Punkte sind einzelne Einheiten, 5 Punkte werden als Strich dargestellt, 5 Striche ergeben einen Punkt in der nächsthöheren Ebene. Damit konnten die Maya jeden Wert beschreiben und arithmetische Rechnungen durchführen.

Es gibt in der Mayakultur drei Kalender. Der Sonnenkalender „haab" ist 365 Tage lang und besteht aus 18 20-Tagesmonaten sowie

einer unglückseligen 5-Tagesperiode, „uayeb", an denen man nichts Wichtiges entscheiden oder unternehmen sollte. „Tzolkin" ist ein ritueller 260-Tage-Kalender, der magisch-religiöse Bedeutung besitzt. 13 20-Tagesperioden sind durch Götternamen dargestellt und werden mit 13 Ziffern kombiniert, beginnend bei 1 imix, 2 ik, 3 akbal, 4 kan über 13 ben, und wird mit 1 ix, 2 men etc. fortgesetzt, bis alle Zahlen- und Namenskombinationen durchlaufen sind. Der Kalender wurde auch als Landwirtschaftskalender benutzt und ist heute noch in Gebrauch, beginnend Mitte Februar zu Beginn der Feldarbeiten auf dem Maisfeld, der milpa. Kombiniert werden beide Kalender, indem sie in einem Zahnrad gegeneinander laufen. Nach 52 Umdrehungen des äußeren Sonnenkalenders trifft dieser auf die gleiche Stelle des „tzolkin", der in dieser Zeit 73 Umdrehungen ausführt, damit ist ein Zyklus von 52 Jahren abgeschlossen. Ein dritter Kalender ist die „lange Zählung". Demnach ist der Tag „Null" in der Zeitrechnung der Maya 13.0.0.0.0, der auf den 4 ahau 8 kumkú fällt und dem 13. August 3114 v. Chr. entspricht. Mit Hilfe der „langen Zählung" konnten die Maya eine zeitliche Chronologie ab einem bestimmten Zeitpunkt berechnen, der auch über Millionen Jahre in die Vergangenheit zurückreichen kann.

Links: Wandmalerei im Maya-Museum von Chetumal

TEMPEL UND RUINEN

Wir verlassen Chetumal in Richtung Uxmal, sind gespannt auf andere Mayastätten. Die Halbinsel Yucatán wird touristisch und infrastrukturell immer weiter ausgebaut. Ehe wir uns versehen, landen wir auf einer mehrspurigen neu ausgebauten Landstraße und weichen nach kurzer Zeit auf eine schmale Landstraße aus. Die Gegend wird durch Trockenwälder und Dornstrauchsavannen geprägt, wenig abwechslungsreich. Auf der Straße kommen wir gut voran, trotz Hauptverbindungsstrecke nach Mérida gibt es kaum Verkehr, allerdings auch für die nächsten 120 km keine Tankstelle. Ich habe die letzte Zapfsäule mal wieder ignoriert. Die Sonne brennt so auf den Asphalt, dass wir nicht einfach am Straßenrand anhalten wollen, um Sprit umzufüllen. Wir halten nach Schatten spendenden Bäumen Ausschau. An einem kleinen Abzweig entdecken wir eine Bushaltestelle, wo wir die Motorräder hinschieben. Aus dem großen Tank der Twin zapfe ich Benzin ab. Eine Verschnaufpause tut gut. Kein Mensch weit und breit, keine Häuser oder gar ein Dorf in sichtbarer Nähe. Diese Bushaltestelle scheint nicht mehr angefahren zu werden. Doch auch hier

Rechts: Geradeaus nach Santa Elena

Seite 166: Mauerrundung an der Pyramide des Zauberers in Uxmal
Seite 167, obere Reihe: Uxmal: Überblick über die Tempelanlage, Pyramide des Zauberers, Nonnengeviert
Seite 167, mittlere Reihe: Uxmal: Detail Eingang Pyramide des Zauberers, Detail am Hauptgebäude des Nonnengeviert, Maske des Regengottes Chaak
Seite 167, untere Reihe: Uxmal: Zweiköpfiger Jaguarthron, Blick zur Pyramide des Zauberers, Hauptgebäude im Nonnengeviert

tritt das unerklärliche Phänomen auf, das man in den einsamsten Gegenden auf der Welt erleben kann: Plötzlich stehen wie aus dem Nichts Menschen neben uns und schauen zu, was wir da machen.

Überrascht sind wir in Mexiko über die gute Beschilderung innerhalb und außerhalb der Ortschaften. Am Nachmittag erreichen wir den kleinen Ort Santa Elena und zelten endlich mal wieder. Außerhalb der Dorfgrenze haben sich eine Französin und ein Mexikaner niedergelassen und bieten Cabañas und eine große Wiese zum Übernachten an, der Platz bietet durch hohe Bäume sogar etwas Schatten. Die Dusche wird solarbetrieben, es gibt Feuerstellen und steinerne Sitzgelegenheiten. Wir sind die Einzigen, die zelten, nur wenige Cabañas sind belegt. Ungewohnte Geräusche wecken mich in der Nacht auf. Vielleicht ist es nur der Wind, der in den Bäumen raschelt. Für alle Fälle liegt ein Messer griffbereit, wirklich unbemerkt könnte sich niemand nah an das Zelt heranpirschen, Schritte würde man in dem auf dem Boden liegenden Laub hören. Nichts passiert.

Am nächsten Morgen werden wir von den Vögeln zum Sonnenaufgang geweckt. Ein sanfter Wind weht durch die Zeltöffnungen, noch steht das Zelt im Schatten. Die Eigentümer bereiten ein herrliches Frühstück mit frischen Säften, Brot und Honig zu. Wir lernen Simone und Oliver kennen, die beiden Deutschen radeln mit ihren Drahteseln durch Yucatán. Ich beneide sie nicht, in der Hitze die kilometerlangen geraden Straßen ohne viel landschaftliche Abwechslung entlangzufahren. Wie unterschiedlich die Prioritäten doch sind, je nachdem, ob man mit Fahrrädern oder Motorrädern reist. Die beiden suchen ihre Unterkünfte danach aus, ob sie die Räder mit aufs Zimmer nehmen können, wir danach, ob es einen abschließbaren Hof gibt. Im Gegensatz zu unserer Ausrüstung müssen sie wegen des Gewichts und Platzes mit noch weniger Dingen auskommen. Für sie zählt eine gute Routenplanung, denn jeder zusätzlich zu fahrende Kilometer in eine falsche Richtung kann bei diesen Temperaturen eine echte Strapaze bedeuten. Für uns spielt das keine so große Rolle, höchstens, wenn der Sprit knapp wird und kein Nachschub in erreichbarer Nähe ist. Darüber brauchen die beiden sich natürlich keine Gedanken zu machen, um vorwärts zu kommen, zählen allein ihre Muskelkraft und Ausdauer.

Uxmal gehört zu den klassischen Mayaanlagen, die ihre Blütezeit zwischen 800 und 1000 n. Chr. hatte. Die im Puuc-Stil errichteten Gebäude haben relativ glatte, schmucklose Wände, teils mit abgerundeten Kanten, die im obersten Bereich reich verziert sind. Einmalig für die Welt der Maya ist die zentrale „Pyramide des Zauberers" mit einem ovalen Grundriss. In Uxmal wurden viele Bauten restauriert oder auch rekonstruiert. Dies vermittelt zunächst einen unwirklichen Eindruck, andererseits kann man sich dadurch leicht vorstellen, wie es hier einmal ausgesehen hat. Einige rechteckige Gebäudekomplexe befinden sich auf dem Gelände, wie der 100 m lange Regierungspalast, der auf einer Anhöhe thront und von dem man einen guten

Überblick über die Stätte hat, ähnlich wie von der noch höher gelegenen „Großen Pyramide". Das rechteckige „Nonnen-Geviert" mit restaurierten Wänden lässt die feine Ornamentik erahnen, die die Maya hier kunstvoll eingearbeitet hatten.

Wir verzichten auf den Besuch weiterer nahe gelegener Mayaanlagen, es ist einfach zu heiß. Als wir zum Campingplatz zurückkehren, schlagen hohe Flammen bis zur Straße. Unser erster Gedanke ist, dass der Campingplatz betroffen sein könnte, doch es ist ein Feld auf der anderen Straßenseite, das wahrscheinlich durch eine unachtsam weggeworfene Zigarette in Brand geraten ist und nun verkohlt. Der Campingplatzbesitzer meint, das passiere bei der Trockenheit schnell und niemand kümmere sich weiter darum. Bleibt zu hoffen, dass das Feuer sich nicht auf die andere Straßenseite ausbreitet.

Durch viele kleine Dörfer fahren wir am nächsten Tag Richtung Mérida weiter. Die 1542 gegründete heutige Hauptstadt des Bundesstaates Yucatán erlangte einst durch die Verarbeitung von Sisal Reichtum, koloniale Häuser sind rund um die zentrale Plaza, dem Zócalo, und über die Stadt verteilt. Wir finden eine wahrlich kunstvolle

Rechts: Kathedrale in Mérida

Seite 169: Einkaufsstraße am Zócalo in Mérida

Unterkunft. Ein altes Gebäude mit mehreren Innenhöfen ist mit Gemälden und Skulpturen ausgestattet, jeder Raum individuell gestaltet. Während ich mich umschaue, wird Axel draußen von einem Reporter angesprochen. Er gibt sein erstes Interview in Spanisch und ist dankbar, als ich dazu stoße und ihm Schützenhilfe leiste. Fleißig notiert der Reporter alles, er will daraus einen Artikel für eine Wochenzeitung verfassen. Andere Passanten bleiben stehen, bestaunen die Motorräder und lassen sich mit uns vieren fotografieren. Wir geraten ins Plaudern über unsere Reise und vergessen darüber fast, unser Zimmer zu beziehen.

Ein paar Tage bleiben wir hier. Am Wochenende wird die Innenstadt rund um den Zócalo zu einer Fiestameile. Die Meridanos sind ein tanzfreudiges Völkchen, und den ganzen Tag über spielt an verschiedenen Plätzen eine Kapelle zum Tanz auf. Dutzende Paare schieben über den Asphalt und drehen Figuren – es ist eine Freude zuzusehen.

Am Morgen der geplanten Weiterfahrt suchen wir zu Fuß einen Schlüsselmacher auf, um einen Ersatzschlüssel für die Motorräder anfertigen zu lassen. Eventuell werden wir welche beim Zoll für den Rücktransport nach Deutschland hinterlegen müssen. Schnell finden wir ein kleines Geschäft, nur der Meister hat kein passendes Grundmodell für diese Schlüssel parat. Mit viel Handarbeit feilt er einen Schlüssel für die Twin. Zurück im Hotel stellen wir fest, dass der sich leider nicht ins Zündschloss stecken lässt. Pech, denken wir – bereits startbereit wollen wir die Sache auf sich beruhen lassen. In dem Moment kommt der Fachmann mit seiner Werkzeugtasche in den Hof. Ehrgeiz hat ihn gepackt und er will sich persönlich davon überzeugen, ob der Schlüssel passt. Er nimmt sich diesen in aller Ruhe vor und feilt daran. Dabei erzählt er, dass es ein alter Jugendtraum von ihm war, mit einem Motorrad durch Europa zu reisen und fremde

Länder kennen zu lernen. Er sei begeistert, dass er uns getroffen habe. Zu allem Unglück entgleitet ihm der Originalschlüssel, der sich im Motorschutz verklemmt. Um ihn herauszuholen, müssen wir den Motorschutz abmontieren. Sein Missgeschick ist ihm sichtlich peinlich und er entschuldigt sich beim Hotelpersonal, dass sich wegen ihm unsere Abreise verzögert. Doch alle sehen das gelassen. Nach einer weiteren halben Stunde hat er den Schlüssel tatsächlich passend gefeilt. Er ist stolz und wir sind froh, dass es noch geklappt hat.

Oben: Ein Reporter in Mérida hat Interesse an unserer Reise

Seite 171: Sonntagstanz am Zócalo in Mérida

Auch die Verbindungsstrecke Mérida – Cancún ist autobahnähnlich ausgebaut, man fragt sich allerdings, wofür, kaum wird hier jemals so viel Verkehr fließen, der diese Flächenversiegelung rechtfertigen könnte. Riesige Kreuzungen, die geisterhaft und leer in der Landschaft liegen, münden in kleine Straßen und Pisten, die in die nächsten Dörfer führen. Wir fahren nur bis Valladolid. Wie so oft machen wir uns im Ort auf die schwierige Suche nach einer passenden Unterkunft. Dann lege ich eine filmreife Szene hin. In einer Seitenstraße haben wir die Motorräder vor einem Radgeschäft geparkt, gleich hinter einem Ständer mit Leihfahrrädern. Als wir weiterfahren wollen, blicke ich nach dem Anlassen des Motorrads nach hinten, um mich in den Verkehr einzufädeln, gebe Gas und finde mich im selben Moment auf dem Boden wieder. Mit dem linken Koffer muss ich an den Fahrrädern hängen geblieben und gestürzt sein. Mit meinen Umfallern liege ich auf der Reise unangefochten in Führung, diesen hätte ich mir wirklich sparen können. Langsam scheint die Reise kräftemäßig ihren Tribut zu fordern.

Ich bin unter dem Motorrad eingeklemmt, Axel zieht mich hervor und zum Bürgersteig, bevor ein Autofahrer mich überfährt. Einheimische eilen

Rechts: Ein Schlüsselmacher bei der Arbeit

Seite 173: In Valladolid gibt es einen Sturz

zur Hilfe und versuchen, die Transalp hochzuwuchten. Axel gibt den letzten Schwung dazu, allein schaffen sie es nicht. Gleich darauf blicke ich in das besorgte Gesicht eines Verkehrspolizisten, der sich erkundigt, ob ich ärztliche Hilfe benötige. Ich kann keinen klaren Gedanken fassen und winke ab. Die Rippen schmerzen, ich kann nicht richtig atmen. Mein Fuß fühlt sich geschwollen an. Was für ein Glück, dass ich Cross-Stiefel anhabe! Mein nächster Gedanke gilt den Fahrrädern, die ich so unsanft umgefahren habe. Doch offensichtlich sind nur die Lenker etwas verdreht und schon gerichtet, während ich auf dem Gehweg sitze. Die Leute in den umliegenden Geschäften betrachten uns mit Mitgefühl. Ich brauche sicher eine halbe Stunde, bis ich mich wieder gesammelt habe. Dann humpele ich zum Motorrad und schaue, ob ich wieder Herrin der Lage bin. Mit dem rechten Fuß kann ich notdürftig bremsen, ich starte den Motor und langsam bewegen wir uns weiter durch die Straßen auf der neuerlichen Suche nach einem Zimmer. In einer Jugendherberge kommen wir schließlich unter, die Motorräder werden bei einer Nachbarin im Hof geparkt. Ein blühender kleiner Garten mit Hängematten und Holzstühlen tröstet mich für die Zwangspause.

Obere Reihe: Mayaruine Ek Balam
Mittlere Reihe: Ek Balam, Stuckfassade mit Figuren
Untere Reihe: Chichén Itzá, El Castillo und Kriegertempel
mit Chac Mool Figur

Natürlich kann ich nicht lange untätig herumsitzen. So kutschiert Axel uns beide am nächsten Tag zu einer weniger bekannten Mayaanlage im Norden von Valladolid: „Ek Balam", was übersetzt „schwarzer Jaguar" bedeutet. Hier verlaufen mehrere „sakbeob", erhöhte „Weiße Wege", die ihren Namen von der hellen Kalkschicht „sahcab" haben, mit denen die Maya die Wege befestigten. Diese Straßen sind Hunderte von Jahren alt und noch gut erhalten. Sie stellten nicht nur Verbindungen innerhalb einer Stadt, Handels- oder Transportwege zwischen verschiedenen Mayastädten dar, sondern auf ihnen wurden auch rituelle Prozessionen abgehalten. Sie verlaufen schnurgerade auf den Horizont zu und verbinden symbolisch die Menschen auf der Erde mit den Göttern im Himmel. Bei vielen der Gebäudereste in „Ek Balam" steht noch die Dachkonstruktion, deshalb wirken sie, als seien sie gerade verlassen worden. Eine reich geschmückte Stuckfassade an der Hauptpyramide zieht mich in den Bann, dreidimensionale Figuren sind detailgetreu herausgearbeitet und ein weit aufgerissenes Schlangenmaul mit Zähnen bildet einen Fensterrahmen.

Nach einem Ruhetag fährt Axel uns nach Chichén Itzá, einem der mächtigsten Stadtstaaten Yucatáns in der spätklassischen Periode, der erst um 1400 n. Chr. verlassen wurde. Der Parkplatz ist voll gestellt mit doppelstöckigen Reisebussen, die eine überfüllte Anlage erahnen lassen. Wir zahlen für das Motorrad eine Parkgebühr, müssen sie dann aber an einer Mauer auf dem Bürgersteig neben den Fahrrädern abstellen, statt eine Parklücke zu belegen. Immerhin können wir an der Kasse unsere Helme und Jacken deponieren. Versorgt mit Sonnenhut und viel Wasser erkunden wir zusammen mit hunderten anderer Besucher die Tempel und Gebäude im Norden der insgesamt 8 km² großen Anlage. Zwei Cenotes geben dem Ort seinen Namen. Über diese Brunnen wurde die Wasserversorgung der rund 15.000 hier lebenden Itzá-Maya gesichert. Im Zentrum der toltekisch beeinflussten

Bauten steht „El Castillo". Die Pyramide ist Kukulkán gewidmet, dem Gott der gefiederten Schlange. Sie versinnbildlicht den Sonnenkalender der Maya durch die Anzahl der Stufen (365), Terrassen (18) und Paneele (52 auf jeder Seite). Zwei Schlangen bewachen die Pyramide am Fuß der Nordtreppe.

Keine der Pyramiden ist mehr zugänglich, um sie vor dem Verfall zu bewahren. So kann man die noch erhaltenen Verzierungen und Figuren in und an den einzelnen Tempeln nur aus der Ferne betrachten. Das gilt auch für eine Skulptur des Chac Mool – die Figur in menschlicher Gestalt hält halb liegend mit angezogenen Beinen eine Platte auf dem Bauch, die als Opferaltar diente. Sie thront auf dem Tempel der Krieger nahe der Gruppe der „Tausend Säulen". Nur das Observatorium kann aus der Nähe betrachtet werden. Gebäude wurden nach bestimmten astronomischen Beobachtungen ausgerichtet. Den Himmel und die Sternenkonstellationen beobachteten die Priester, um den Willen der Götter zu erkennen, eine Basis für die Zeitrechnung zu schaffen und bestimmte wichtige Ereignisse wie Inthronisierungen, Hochzeiten und Kriege unter einen günstigen Stern zu stellen.

Oben: Ek Balam, Hauptpyramide La Torre
Mitte: Chichén Itzá, Observatorium

Unten: Chichén Itzá, Marktplatz

DIE LETZTEN TAGE

Für uns wird es langsam Zeit, zur Karibikküste Richtung Cancún zu fahren. Die Tagesetappen werden immer kürzer, nicht nur wegen
der Hitze. Vielmehr wollen wir nicht wahrhaben,
dass das Ende der Reise näher rückt. An der
Regionalgrenze von Yucatán nach Quintana
Roo halten uns Soldaten auf. Mit roten Flaggen
winken sie uns an den Straßenrand. Ehe wir
uns versehen, sind wir von Männern in Uniform
kreisförmig umzingelt, sie halten Gewehre im
Anschlag. Wir ziehen die Helme ab, damit wir
weniger „gefährlich" aussehen. Ich schlucke. Mal
wieder redet niemand mit mir, sonst könnte ich
herausfinden, was sie in Axels Gepäck suchen.
Axel gibt mir ein Zeichen, ein Foto von dieser
Situation zu machen. Trotz der heiklen Lage
greife ich in den Tankrucksack nach der Kamera,
und als ich sie ausrichte, hält mir einer die Hand
vor die Linse. Dennoch schieße ich einige Bilder.
Sofort weichen die Soldaten zurück und lösen
den Kreis auf. Uns in Schach zu halten, scheint
nicht mehr so wichtig zu sein. Einer ruft: „No
foto!" Warum wir die Bilder machen wollen, will
er wissen. Fürs Ministerium, antwortet Axel. Mit
der Aussage waren wir schon öfters erfolgreich,
hier hilft es auch. Endlich redet einer mit mir
und fragt, ob ich Spanisch spreche. Sie würden
nach Lebensmitteln suchen, die man nicht über
die Grenze transportieren dürfe, erklärt er. Zu
unserer Sicherheit. Ob die gegen uns gerichteten Gewehre auch zu unserer Sicherheit sein
sollten? Wir sehen zu, wie sie unser gesamtes
Gepäck durchsuchen, dann bedanken sie sich
bei uns und lassen uns fahren. Axel ruft ihnen
„de nada, adiós muchachos" – „gerne geschehen, bis dann Jungs" zu, und wir brausen mit
den Motorrädern davon, bevor sie es sich
anders überlegen.

*Oben: Soldaten durchsuchen unser Gepäck an der
Regionalgrenze zwischen Yucatán und Quintana Roo*

Kurz vor Tulúm stoßen wir wieder auf die
Hauptstraße und erreichen die Küste. Schnell
merken wir, dass wir mitten im Zentrum des
Pauschaltourismus gelandet sind, man kann sich
diesem kaum entziehen. Nach Monaten auf den
Motorrädern oft in Abgeschiedenheit unterwegs
fällt es schwer, sich dem Trubel auszusetzen.
Unsere Lust, nach Deutschland zurückzukehren,
tendiert gegen Null.

Tulúm selbst ist relativ beschaulich,
die großen Hotelanlagen ziehen sich jenseits
des Ortes direkt am Strand entlang. In einer
Seitenstraße finden wir eine Villa mit Zimmer-

Seite 177: Mayastätte Tulúm am Karibischen Meer

Seite 178: Fußgängerzone Avenida 5 in Playa del Carmen

vermietung, die Motorräder parken auf der Wiese, den Gästen steht eine kleine Küche mit Kühlschrank zur Verfügung. Fahrräder werden verliehen, mit denen wir am nächsten Morgen zu der Mayaruine Tulúm hinausfahren. Nach all den beeindruckenden Stätten, die wir gesehen haben, sind wir enttäuscht. Die Festungsanlage, die mit einer dicken Steinmauer gegen das Landesinnere geschützt ist, war für die Maya als östlichste Stadt Yucatáns vor allem in der postklassischen Periode bis 1400 n. Chr. als Umschlagsplatz bedeutend. Von hier aus betrieben sie mit Booten Handel bis nach Costa

Rica und Panama, doch davon ist kaum mehr etwas zu erahnen. Einige Gebäudereste sind vorhanden, aber stark von Wind und Wetter angegriffen, Reliefs sind kaum zu erkennen. Nur die Lage ist einmalig, direkt am weißen feinen Karibikstrand gelegen, Palmen biegen sich im Wind, die Farben des Wassers wechseln zwischen Smaragdgrün, Türkis und strahlendem Blau – Postkartenpanorama.

Eine Nationalstraße führt weiter nach Norden. Die ganze Küste entlang sind große, von dicken Mauern umgebene Hotelkomplexe entstanden, abgeschirmt durch Schranken und

Unten: See bei Puerto Morelos

Wachpersonal. Vergnügungsparks mit Riesenrad und Plastiktempeln sind von weitem zu erkennen, mich schaudert es. Um nicht in den Hotelburgen nahe Cancún zu landen, suchen wir ein lauschiges Plätzchen für die letzten Tage in den Ortschaften südlich dieser Stadt. Schließlich landen wir in einem ehemaligen Fischerdörfchen. Während der Pauschaltourist in Playa del Carmen unterkommt, ist Puerto Morelos der Ort für die Reichen, die sich am Strand ihr Domizil errichten. Der Bauboom hält an, und neue Hotels in einem eigenen Viertel lassen sich die exklusive Atmosphäre bezahlen. Zelten können wir nicht mehr, denn unsere Campingutensilien müssen mit ins Gepäck auf die Motorräder, die wir für den Zoll vorbereiten. Nach langem Suchen finden wir eine bezahlbare Unterkunft bei Einheimischen.

Am Rande des Dorfes gibt es sogar einen Waschplatz für die Motorräder. Sie werden von Hand auf Hochglanz gebracht, wir wollen den Zöllnern keinen Grund zur Beanstandung geben. Seit rund zwei Wochen klären wir per E-Mail mit einer Spedition alle organisatorischen Fragen zum Transport der Motorräder, und eigentlich, so denken wir, ist alles abgestimmt. Doch warum sollte es in Mexiko anders sein als in anderen Ländern? Als wir vor Ort sind, fangen wir noch einmal von vorne an, Abflugdatum, Zielflughafen, Gepäckmitnahme, benötigte Papiere – alles ist offen. Erst zwei Tage vor unserem Abflug kommt ein persönliches Treffen in Cancún zustande. Für die Spediteurin läuft alles „easy". Sie fährt mit uns zum Zoll, kontaktiert ihre persönlichen Ansprechpartner und vereinbart die Zeit, wann wir die Motorräder beim Flughafen abgeben können.

Nun müssen wir nur noch zu einer Außenstelle des Zolls fahren, um die Ausreisepapiere zu erhalten. Die Behörde befindet sich zufälligerweise in Puerto Morelos. Ich werde am Nachmittag zu der entsprechenden Stelle durchgelassen,

dann folgt die Enttäuschung. Das Büro schließt in diesen Minuten und wird erst übermorgen wieder besetzt sein – an unserem Abreisetag. Ich werde ein bisschen nervös, als die Zuständige mir mitteilt, dass sie ohnedies die Einfuhrplaketten benötige, die auf den Motorradscheiben kleben, und diese erst entfernt werden dürften, wenn die Motorräder innerhalb des Zollgeländes abgestellt seien und nicht mehr bewegt werden. Nach unseren bisherigen Erfahrungen scheint es unmöglich, alle notwendigen Behördengänge an verschiedenen Orten am Vormittag unseres Abreisetages zu erledigen, selbst wenn alle Beteiligten mitspielen würden, was unwahrscheinlich ist. Als ich ihr verzweifelt meine Lage schildere, meint sie, es werde schon alles klappen, ich solle übermorgen wiederkommen.

Wir sitzen im Flugzeug und atmen tief durch. Vor zwei Stunden haben wir die Motorräder den Zöllnern mit allen Papieren übergeben und auf Paletten gespannt. Ich habe nicht geglaubt, dass noch alles klappt. Die letzten 36 Stunden haben wir mit den mexikanischen Behörden und unserer Agentur verbracht, statt die Reise in Ruhe ausklingen zu lassen. Vor meinem inneren Auge laufen diese hektischen Stunden noch einmal ab:

Per E-Mail und Telefon erreichen wir, dass die Motorräder am Nachmittag vor unserer Abreise im Zollgelände abgestellt werden können und man uns die Plaketten aushändigt. In letzter Sekunde klappt das, das Büro hätte fast geschlossen, unsere Ansprechpartnerin ist einige Stunden zu spät zum Treffpunkt gekommen. Heute Morgen stellen wir uns an der Zollaußenstelle um 7 Uhr in die Schlange. Hier werden sämtliche Im- und Exporte von Cancún abgewickelt. Als Nr. 4 werden wir in die Warteliste eingetragen. Das Büro öffnet seine Türen statt um 9 Uhr eine Stunde später. Der Warteplatz befindet sich vor dem Zollgelände in der grellen Sonne. Ein anderer Wartender lädt uns

in sein klimaanlagengekühltes Auto ein, dankbar nehmen wir das an. Er ist schon in der Nacht angekommen und der Erste in der Schlange. Irgendwann wird er aufgerufen. Kurz danach werde ich zum Eingang gebeten. Die Zollbeamtin, mit der ich vorgestern gesprochen habe, hat meinen Namen auf der Warteliste entdeckt und zieht mich vor. Keine fünf Minuten dauern die Formalitäten, dann bin ich wieder draußen. Nun können wir in aller Ruhe unsere Sachen packen, am Mittag sind wir mit unserer Agentur verabredet. Voll beladen sind wir pünktlich vor Ort, doch leider ist niemand im Büro. Zwei Stunden warten wir auf jemanden, jegliche Bemerkung, die uns auf den Lippen liegt, wird mit einem aufmunternden Lächeln und einem „How are you? Everything is fine" im Keim erstickt. Alles geht seinen Gang, wir lassen es geschehen, und wie von Geisterhand klappt alles. Mit fliegenden Fahnen fahren wir zum Flughafengebäude und stellen uns in die nächsten Schlange am Abfertigungsschalter an.

Zehn Stunden später finden wir uns in Deutschland wieder. Schon am nächsten Werktag treffen die Motorräder in Düsseldorf ein. Mit abgefahrenen und hier nicht zugelassenen Reifen legen wir die letzten Kilometer bis nach Hause zurück. Doch was heißt zu Hause? Nach der ersten Reise, die uns fünf Monate und rund 21.000 km durch Chile und Argentinien geführt hat, war es nicht leicht, wieder in den Alltag zurückzufinden. Nun haben uns die Maschinen noch einmal sechs Monate und knapp 23.000 km sicher durch den faszinierenden Kontinent Lateinamerika begleitet, gemeinsam haben wir vielfältige Erfahrungen gemacht und manche schwierige Strecke gemeistert.

Kaum angekommen, kreisen die Gedanken schon um die nächste Reise, angestoßen von der Idee, weitere Länder, Menschen und Kulturen kennen zu lernen, frei nach einem Sprichwort: „Reisen heißt Leben lernen".

Mexiko ist ein „Käfer"-Paradies

Im ersten Band nimmt Sie Angela Schmitz mit auf ihre Reise durch Südamerika.

ISBN 978-3-938446-13-3

ISBN 978-1-877339-55-4

Seite 183: Aus dem ersten Buch. Der Salzsee Salar de Uyuni, Bolivien

Lateinamerika im Visier, Teil 2 – Zentralamerika, 1. Auflage

© September 2007, NZVP Books and Calendars GmbH

ISBN 978-3-938446-71-3

Layout und Satz	Helga Neubauer, Wolfgang Vorbeck
Texte	Angela Schmitz
Fotos	Angela Schmitz und Axel Heß
	Peter Stumm (Autorenportrait, Seite 9)
Lektorat	Manuela Weitz, Deutschland
Druck	Everbest Printing, China

Alle Rechte vorbehalten, insbesondere die der Vervielfältigung und Verbreitung in gedruckter Form sowie die zur elektronischen Speicherung in Datenbanken und zum Verfügbarmachen für die Öffentlichkeit zum individuellen Abruf, zur Wiedergabe auf dem Bildschirm und zum Ausdruck beim Nutzer, auch vorab und auszugsweise. Alle Angaben in diesem Buch sind leider ohne Gewähr und ohne Haftung des Verlages. Der Fehlerteufel hatte auch in diesem Buch jede Menge Platz sich einzunisten. Wir sind überzeugt davon, dass er dies bisweilen auch getan hat, und sind für jeden Hinweis dankbar.

Zuschriften bitte an:
NZVP Books and Calendars GmbH
Frankfurt am Main, Germany
oder elektronisch an:
lektorat@nzpublications.com